| www.dongyangbooks.com |

새로운 도서, 다양한 자료
동양북스 홈페이지에서 만나보세요!

홈페이지 활용하여 외국어 실력 두 배 늘리기!

홈페이지 이렇게 활용해보세요!

1. 도서 자료실에서 학습자료 및 MP3 무료 다운로드!

❶ 도서 자료실 클릭
❷ 검색어 입력
❸ MP3, 정답과 해설, 부가자료 등
    첨부파일 다운로드
* 원하는 자료가 없는 경우 '요청하기' 클릭!

2. 동영상 강의를 어디서나 쉽게! 외국어부터 바둑까지!

500만 독자가 선택한

가장 쉬운
독학 일본어 첫걸음
14,000원

가장 쉬운
독학 중국어 첫걸음
14,000원

가장 쉬운
독학 베트남어 첫걸음
15,000원

  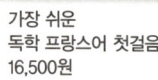

가장 쉬운
독학 스페인어 첫걸음
15,000원

가장 쉬운
독학 프랑스어 첫걸음
16,500원

가장 쉬운
독학 태국어 첫걸음
16,500원

가장 쉬운
프랑스어 첫걸음의 모든 것
17,000원

가장 쉬운
독일어 첫걸음의 모든 것
18,000원

가장 쉬운
스페인어 첫걸음의 모든 것
14,500원

첫걸음 베스트 1위!

www.dongyangbooks.com
m.dongyangbooks.com

가장 쉬운 러시아어
첫걸음의 모든 것
16,000원

가장 쉬운 이탈리아어
첫걸음의 모든 것
17,500원

가장 쉬운 포르투갈어
첫걸음의 모든 것
18,000원

버전업! 가장 쉬운
베트남어 첫걸음
16,000원

가장 쉬운 터키어
첫걸음의 모든 것
16,500원

버전업! 가장 쉬운
아랍어 첫걸음
18,500원

가장 쉬운 인도네시아어
첫걸음의 모든 것
18,500원

버전업! 가장 쉬운
태국어 첫걸음
16,800원

가장 쉬운 영어
첫걸음의 모든 것
16,500원

버전업! 굿모닝
독학 일본어 첫걸음
14,500원

가장 쉬운 중국어
첫걸음의 모든 것
14,500원

오늘부터는 팟캐스트로 공부하자!

팟캐스트 무료 음성 강의

▶1 iOS 사용자
Podcast 앱에서
'동양북스' 검색

▶2 안드로이드 사용자
플레이스토어에서 '팟빵' 등
팟캐스트 앱 다운로드,
다운받은 앱에서
'동양북스' 검색

▶3 PC에서
팟빵(www.podbbang.com)에서
'동양북스' 검색
애플 iTunes 프로그램에서
'동양북스' 검색

◉ **현재 서비스 중인 강의 목록** (팟캐스트 강의는 수시로 업데이트 됩니다.)

- 가장 쉬운 독학 일본어 첫걸음
- 페이의 적재적소 중국어
- 가장 쉬운 독학 중국어 첫걸음
- 중국어 한글로 시작해
- 가장 쉬운 독학 베트남어 첫걸음

매일 매일 업데이트 되는 동양북스 SNS! 동양북스의 새로운 소식과 다양한 정보를 만나보세요.

blog.naver.com/dymg98 　 instagram.com/dybooks 　 facebook.com/dybooks 　 twitter.com/dy_books

중국어뱅크

바로바로 연습해서 차근차근 나아가는

착착 중국어

STEP 2

김윤경·정성임 지음

동양북스

중국어뱅크
바로바로 연습해서 차근차근 나아가는
착착 중국어 STEP 2

초판 2쇄 발행 | 2020년 3월 5일

지은이 | 김윤경, 정성임
발행인 | 김태웅
편집장 | 강석기
기획 편집 | 신효정
디자인 | 정혜미, 남은혜
일러스트 | 권나영
마케팅 | 나재승
제　작 | 현대순

발행처 | (주)동양북스
등　록 | 제2014-000055호 (2014년 2월 7일)
주　소 | 서울시 마포구 동교로22길 14 (04030)
구입 문의 | 전화 (02)337-1737 팩스 (02)334-6624
내용 문의 | 전화 (02)337-1762 dybooks2@gmail.com

ISBN 979-11-5768-394-9 14720
　　　979-11-5768-330-7 (세트)

ⓒ 2018, 김윤경·정성임

▶ 본 책은 저작권법에 의해 보호를 받는 저작물이므로 무단 전재와 복제를 금합니다.
▶ 잘못된 책은 구입처에서 교환해 드립니다.
▶ 도서출판 동양북스에서는 소중한 원고, 새로운 기획을 기다리고 있습니다.
　 http://www.dongyangbooks.com

이 도서의 국립중앙도서관 출판예정도서목록(CIP)은 서지정보유통지원시스템 홈페이지(http://seoji.go.kr)와
국가자료공동목록시스템(http://www.nl.go.kr/kolisnet)에서 이용하실 수 있습니다.
(CIP제어번호: CIP2018014925)

머리말

중국어는 이제 선택이 아니라 필수다!

1992년 한중 수교 이래 벌써 20여 년이 흘렀다. 그동안 한중 간의 교류가 여러 방면에서 활발하게 이루어지면서 이제는 우리 주위에서도 흔하게 중국인들을 접하게 된다. 대학의 캠퍼스에서는 물론이고 거리에서도 중국인들이 넘쳐난다. 중국이 경제적으로 성장하면서 관광객이 늘어나고 유학생 또한 증가일로의 추세인 것이다. 그러다 보니 회사의 중국 담당자는 물론이고 지역 소상인들까지도 중국어를 할 줄 아는 세상이 되었다.

중국어 수요에 맞추어 중국어 관련 서적도 많이 출판되고 있다. 서점에 가서 보면 어린이 중국어에서부터 취미 중국어까지 다양한 책들이 있다. 그만큼 많은 사람이 중국어를 공부한다는 의미일 것이다. 일부 대학에서는 중국어 비전공 학생들에게도 중국어를 교양으로 반드시 수강하게 한다.

이러한 중국어 학습 시장의 변화에 따라 이 책은 다음과 같은 특징을 가진다. 첫째, 한국에서 중국어를 배우는 학습자가 체계적으로 중국어를 학습할 수 있게 하기 위해 출판되었다. 둘째, 본문의 내용은 한국에서 중국어를 익히는 학습자가 다양하게 자신과 주변 환경을 소개할 수 있도록 이루어졌다. 셋째, 일정한 패턴을 가지고 중국어 표현법을 익히게 하였다. 외국어 학습에서 가장 중요한 것 중의 하나는 반복 학습이다. 어떤 표현을 일정한 패턴을 가지고 반복 학습하다 보면 자신도 모르게 유창한 의사 표현이 가능해진다.

하나의 외국어를 익히면 또 다른 하나의 세상이 열리게 된다. 중국어를 통하여 중국이라는 또 다른 세상을 알 수 있게 된다. 중국어 공부의 최종 목적은 중국인과의 소통이다. 캠퍼스에서 거리에서 당신이 먼저 중국인에게 다가가 보자. 반갑게 화답하는 중국어가 들려올 것이다. 加油!(파이팅!)

저자 **김윤경, 정성임**

차 례

머리말 · 3   이 책의 구성 · 6   일러두기 · 8

STEP1 복습 주요 표현 · 9

Lesson 01 留学生宿舍在哪儿? 유학생 기숙사가 어디죠? · 15
- 학습 목표 사물의 방향과 위치 표현하기, 사물의 존재 표현하기
- 학습 내용 방위사, 존재의 표현, 인칭대명사 + 这儿/那儿

Lesson 02 我弟弟是大学生了。 내 남동생은 대학생이 됐어. · 25
- 학습 목표 현재와 관련된 상태의 변화 표현하기, 동작의 완성 표현하기
- 학습 내용 어기조사 了, 동태조사 了, 어기조사 呢, 개사 离

Lesson 03 你吃过四川菜吗? 너는 쓰촨 요리 먹어 본 적 있어? · 35
- 학습 목표 경험에 대해 말하기, 사물을 지칭하는 표현 말하기
- 학습 내용 구조조사 的, 동태조사 过, (一)点儿과 有(一)点儿, 개사 从

Lesson 04 我学汉语学了三年了。 나는 중국어를 배운 지 3년 됐어. · 45
- 학습 목표 동작과 관련된 시간 표현하기, 동작과 관련된 상태 표현하기
- 학습 내용 정도보어(1), 시량보어, 부사 正在, 조동사 得

Lesson 05 是近明啊! 快进来吧。 진밍이구나! 어서 들어오렴. · 55
- 학습 목표 동작과 관련된 방향 표현하기, 동작의 사동 표현하기
- 학습 내용 방향보어, 동량사, 겸어문, 개사 到, 부사 越

Lesson 06 请你再说一遍吧。 다시 한 번 말해 줘. · 65
- 학습 목표 동작의 결과 표현하기, 동작의 수량 표현하기
- 학습 내용 결과보어, 동량보어, 동사 + 到, 동사 + 给, 因为 A 所以 B, 조동사 可

복습 Lesson 01~06 · 77

Lesson 07	**今天冷死了。** 오늘 무척 춥다. · 87
학습 목표	성질 또는 상태의 정도 표현하기
학습 내용	정도보어(2), 连…都/也…, 一边…一边…

Lesson 08	**我是学生，我买不起。** 저는 학생이라 살 수가 없어요. · 97
학습 목표	동작의 실현 가능성 표현하기, 사건의 가정 표현하기
학습 내용	가능보어, 如果…就…, A 是 A, 但是…

Lesson 09	**比这儿暖和。** 여기보다 따뜻해. · 107
학습 목표	사물을 비교하는 표현하기, 동작 발생의 임박 표현하기
학습 내용	비교문, 동작 발생의 임박 표현, 一 + 동사 + 就…, A 跟 B 一样 + 형용사

Lesson 10	**请你把空调打开吧。** 에어컨을 켜 줘. · 117
학습 목표	사람 또는 사물의 처치 표현하기
학습 내용	一点儿 + 也/都, 把자문, 동사 + 掉, 동사 + 在, 반어문

Lesson 11	**他是在哪儿学的汉语呀？** 그는 어디에서 중국어를 배웠니? · 127
학습 목표	동작자, 시간, 장소 등의 강조 표현하기
학습 내용	是…的 구문, 부사 才, 不但…而且…, 형용사 + 什么

Lesson 12	**你手里拿着什么？** 너 손에 들고 있는 게 뭐야? · 137
학습 목표	사람 또는 사물의 존재, 출현, 소실 표현하기
학습 내용	존현문, 동태조사 着, 刚/刚刚/刚才

복습	Lesson 07~12 · 147
중국 문화	손으로 숫자 표현하기, 숫자 문화, 선물 문화, 인사 문화 · 157
부록	복습 정답, 본문 회화 해석 · 163

이 책의 구성

본책

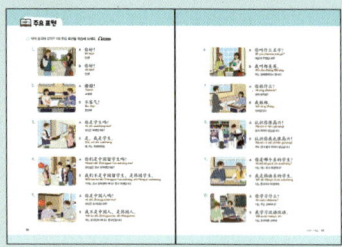

STEP 1 복습
착착 중국어 STEP 1의 주요 표현을 정리했습니다.

학습 목표
각 과의 학습 목표와 학습 내용을 제시하였습니다.

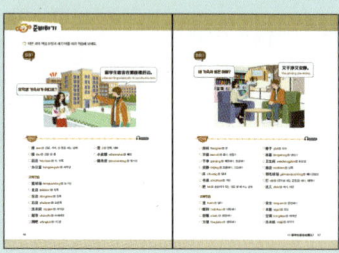

준비하기
핵심 표현 및 본문과 교체 연습에 나오는 새 단어를 미리 알아보는 코너입니다. 삽화와 제시된 문장을 통해 각 과에서 배울 내용을 엿볼 수 있습니다.

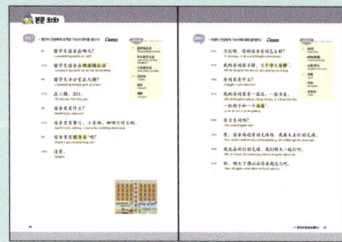

본문 회화
중국 유학생과 중국어를 배우는 한국인 학생들의 학교 생활을 담았습니다. 교체 연습을 통한 반복 학습으로 자연스럽게 문장을 익힐 수 있습니다.

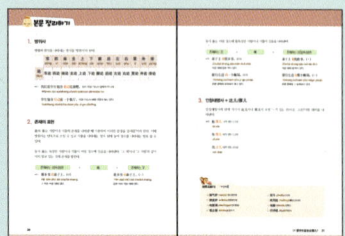

본문 정리하기
본문에서 꼭 알고 가야 하는 기초 어법과 표현을 정리했습니다. 어휘 더하기를 통해 단어를 추가로 익힐 수 있습니다.

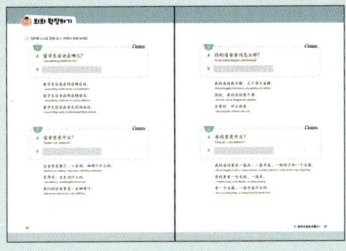

회화 확장하기

주요 문장과 그 문장에 가능한 여러 가지 답변을 제시하였습니다. 다양한 문장을 반복하여 연습함으로써 자신의 상황에 맞는 답변을 할 수 있습니다.

실력 확인하기&명언

유사한 패턴의 문장을 중국어로 말해 보며 실력을 확인할 수 있습니다. 각 과에서 학습한 단어나 어법 요소가 담긴 명언으로 한 과를 마무리합니다.

복습

여섯 과를 학습한 후 4단계에 걸쳐서 복습하는 코너입니다. 단어, 문장, 회화 순서로 복습한 후 질문에 대한 자신만의 답변을 만들어 볼 수 있습니다.

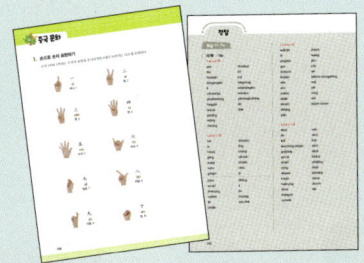

중국 문화 / 부록

흥미로운 중국 문화 이야기를 수록했습니다.
복습의 정답과 본문 해석을 수록했습니다.

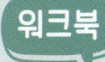

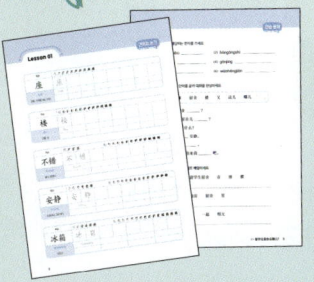

간체자 쓰기와 연습 문제를 통해
각 과의 학습 내용을 정리할 수 있습니다.

일러두기

MP3 트랙

| 본책 | · STEP1 복습
· Lesson 01 ~ Lesson 12 | 🎧 00-01
🎧 01-01 ~ 12-08 |

MP3 Track 번호 설명 예시

단어의 품사 약어

명사	명	수사	수	접속사	접
동사	동	양사	양	감탄사	감
형용사	형	개사	개	대명사	대
부사	부	조동사	조동	조사	조
고유명사	고유				

배경 및 등장인물

한국의 한 대학교에서 중국 유학생들과 한국 학생들이 생활하는 모습을 본문 회화에 담았습니다.

정미영
郑美英 Zhèng Měiyīng
한국인, 중문과 1학년

왕동동
王冬冬 Wáng Dōngdōng
중국인, 한국어학과 1학년

김대한
金大韩 Jīn Dàhán
한국인, 중문과 1학년

시진밍
习近明 Xí Jìnmíng
중국인, 무역학과 1학년

STEP 1 주요 표현

| STEP 1 | **주요 표현** |

🔵 착착 중국어 STEP 1의 주요 표현을 복습해 보세요. 🎧 00-01

1.

   A 你好!
   Nǐ hǎo!
   안녕!

   B 你好!
   Nǐ hǎo!
   안녕!

2.

   A 谢谢!
   Xièxie!
   고마워!

   B 不客气!
   Bú kèqi!
   천만에!

3.

   A 你是学生吗?
   Nǐ shì xuésheng ma?
   당신은 학생인가요?

   B 是, 我是学生。
   Shì, wǒ shì xuésheng.
   네, 저는 학생이에요.

4.

   A 你们是中国留学生吗?
   Nǐmen shì Zhōngguó liúxuéshēng ma?
   당신들은 중국 유학생인가요?

   B 我们不是中国留学生, 是韩国学生。
   Wǒmen bú shì Zhōngguó liúxuéshēng, shì Hánguó xuésheng.
   우리는 중국 유학생이 아니고 한국 학생입니다.

5.

   A 你是中国人吗?
   Nǐ shì Zhōngguórén ma?
   당신은 중국인입니까?

   B 我不是中国人, 是韩国人。
   Wǒ bú shì Zhōngguórén, shì Hánguórén.
   저는 중국인이 아니고, 한국인입니다.

6.

A 你叫什么名字?
Nǐ jiào shénme míngzi?
이름이 무엇입니까?

B 我叫郑美英。
Wǒ jiào Zhèng Měiyīng.
저는 정미영이라고 합니다.

7.

A 你姓什么?
Nǐ xìng shénme?
성이 뭐지요?

B 我姓郑。
Wǒ xìng Zhèng.
정씨입니다.

8.

A 认识你很高兴!
Rènshi nǐ hěn gāoxìng!
알게 되어서 반갑습니다!

B 认识你我也很高兴!
Rènshi nǐ wǒ yě hěn gāoxìng!
저도 만나 뵙게 되어서 반갑습니다!

9.

A 你是哪个系的学生?
Nǐ shì nǎ ge xì de xuésheng?
너는 어느 학과 학생이니?

B 我是韩语系的学生。
Wǒ shì Hányǔ xì de xuésheng.
나는 한국어학과 학생이야.

10.

A 你学习什么?
Nǐ xuéxí shénme?
너는 무슨 공부하니?

B 我学习汉语。
Wǒ xuéxí Hànyǔ.
나는 중국어를 공부해.

11.

A 现在几点?
Xiànzài jǐ diǎn?
지금 몇 시야?

B 现在一点二十分。
Xiànzài yī diǎn èrshí fēn.
지금 1시 20분이야.

12.

A 几点下课?
Jǐ diǎn xiàkè?
몇 시에 수업이 끝나니?

B 十一点五十分下课。
Shíyī diǎn wǔshí fēn xiàkè.
11시 50분에 수업이 끝나.

13.

A 你的生日是几月几号?
Nǐ de shēngrì shì jǐ yuè jǐ hào?
네 생일은 몇 월 며칠이니?

B 我的生日是四月二十九号。
Wǒ de shēngrì shì sì yuè èrshíjiǔ hào.
내 생일은 4월 29일이야.

14.

A 你的老家在哪儿?
Nǐ de lǎojiā zài nǎr?
네 고향은 어디야?

B 我的老家在北京。
Wǒ de lǎojiā zài Běijīng.
내 고향은 베이징이야.

15.

A 你家有几口人?
Nǐ jiā yǒu jǐ kǒu rén?
너희 집 식구는 몇 명이야?

B 我家有四口人。
Wǒ jiā yǒu sì kǒu rén.
우리 집 가족은 네 명이야.

16.

A 这位是我妈妈。
Zhè wèi shì wǒ māma.
이분은 우리 엄마야.

B 你妈妈很漂亮。
Nǐ māma hěn piàoliang.
너희 어머니 진짜 예쁘시다.

17.

A 你觉得汉语难不难?
Nǐ juéde Hànyǔ nán bu nán?
네 생각에는 중국어가 어렵니 안 어렵니?

B 发音很容易,汉字非常难。
Fāyīn hěn róngyì, Hànzì fēicháng nán.
발음은 쉬운데, 한자는 너무 어려워.

18.

A 你有兄弟姐妹吗?
Nǐ yǒu xiōngdì jiěmèi ma?
너 형제자매가 있니?

B 我有一个弟弟,他有点儿胖。
Wǒ yǒu yí ge dìdi, tā yǒudiǎnr pàng.
나는 남동생이 한 명 있어. 걔는 조금 통통해.

19.

A 你每天几点起床?
Nǐ měitiān jǐ diǎn qǐchuáng?
너 매일 몇 시에 일어나니?

B 我每天六点半起床。
Wǒ měitiān liù diǎn bàn qǐchuáng.
나는 매일 6시 30분에 일어나.

20.

A 星期天什么时候在哪儿见面?
Xīngqītiān shénme shíhou zài nǎr jiànmiàn?
일요일 언제 어디서 만날래?

B 下午两点在学生宿舍前边见面吧。
Xiàwǔ liǎng diǎn zài xuésheng sùshè qiánbian jiànmiàn ba.
오후 2시에 학생 기숙사 앞에서 만나자.

21.

A 你想吃什么？
Nǐ xiǎng chī shénme?
너 뭐 먹고 싶어?

B 我什么都喜欢吃。
Wǒ shénme dōu xǐhuan chī.
난 무엇이든 다 좋아해.

22.

A 我不常喝咖啡，你呢？
Wǒ bù cháng hē kāfēi, nǐ ne?
나는 커피를 자주 마시지는 않아. 너는?

B 我喜欢喝咖啡，一天喝一杯或者两杯。
Wǒ xǐhuan hē kāfēi, yìtiān hē yì bēi huòzhě liǎng bēi.
나는 커피 마시는 것을 좋아해. 하루에 한 잔이나 두 잔 마셔.

Lesson 01

留学生宿舍在哪儿?
Liúxuéshēng sùshè zài nǎr?

유학생 기숙사가 어디죠?

학습 목표
사물의 방향과 위치 표현하기
사물의 존재 표현하기

학습 내용
방위사
존재의 표현
인칭대명사 + 这儿/那儿

 준비하기

➡ 이번 과의 핵심 문장과 새 단어를 미리 학습해 보세요.

회화 1

단어 🎧 01-01

- ☐ 座 zuò 양 건물, 가게, 산 등을 세는 단위
- ☐ 楼 lóu 명 건물 양 층
- ☐ 后边 hòubian 명 뒤, 뒤쪽
- ☐ 办公室 bàngōngshì 명 사무실
- ☐ 里 li 명 안쪽, 내부
- ☐ 小卖部 xiǎomàibù 명 매점
- ☐ 健身房 jiànshēnfáng 명 헬스장

▸ **교체연습**

- ☐ 篮球场 lánqiúchǎng 명 농구장
- ☐ 北边 běibian 명 북쪽
- ☐ 东边 dōngbian 명 동쪽
- ☐ 右边 yòubian 명 오른쪽
- ☐ 洗衣间 xǐyījiān 명 세탁실
- ☐ 超市 chāoshì 명 슈퍼마켓
- ☐ 网吧 wǎngbā 명 PC방

又干净又安静。
Yòu gānjìng yòu ānjìng.

네 기숙사 방은 어때?

🎧 01-02

- 房间 fángjiān 명 방
- 不错 búcuò 형 좋다, 괜찮다
- 干净 gānjìng 형 깨끗하다, 청결하다
- 安静 ānjìng 형 조용하다, 고요하다
- 床 chuáng 명 침대
- 书桌 shūzhuō 명 책상
- 把 bǎ 양 손잡이가 있는 것을 셀 때 쓰는 단위

- 椅子 yǐzi 명 의자
- 冰箱 bīngxiāng 명 냉장고
- 卫生间 wèishēngjiān 명 화장실
- 南边 nánbian 명 남쪽
- 羽毛球场 yǔmáoqiúchǎng 명 배드민턴장
- 打 dǎ 동 (공으로 하는 운동을) 하다, 때리다
- 这儿 zhèr 대 여기, 이곳

▶ 교체연습

- 宽 kuān 형 넓다
- 暖和 nuǎnhuo 형 따뜻하다
- 舒服 shūfu 형 편안하다
- 方便 fāngbiàn 형 편리하다

- 安全 ānquán 형 안전하다
- 衣柜 yīguì 명 옷장
- 空调 kōngtiáo 명 에어컨
- 洗衣机 xǐyījī 명 세탁기

01 留学生宿舍在哪儿? 17

 # 본문 회화

회화1 ▶ 행인이 진밍에게 유학생 기숙사 위치를 묻는다. 01-03

행인　留学生宿舍在哪儿?
　　　Liúxuéshēng sùshè zài nǎr?

시진밍　留学生宿舍在那座楼后边①。
　　　Liúxuéshēng sùshè zài nà zuò lóu hòubian.

행인　留学生办公室在几楼?
　　　Liúxuéshēng bàngōngshì zài jǐ lóu?

시진밍　在三楼。301。
　　　Zài sān lóu. Sān líng yāo.

행인　宿舍里有什么?
　　　Sùshè li yǒu shénme?

시진밍　宿舍里有餐厅、小卖部、咖啡厅什么的。
　　　Sùshè li yǒu cāntīng、xiǎomàibù、kāfēitīng shénmede.

행인　宿舍里有健身房②吗?
　　　Sùshè li yǒu jiànshēnfáng ma?

시진밍　没有。
　　　Méiyǒu.

교체연습

① ▶ 篮球场北边
　　lánqiúchǎng běibian
　▶ 学生餐厅东边
　　xuésheng cāntīng dōngbian
　▶ 小卖部右边
　　xiǎomàibù yòubian

② ▶ 洗衣间
　　xǐyījiān
　▶ 超市
　　chāoshì
　▶ 网吧
　　wǎngbā

 미영이 진밍에게 기숙사에 대해 물어본다. 01-04

정미영: 习近明，你的宿舍房间怎么样？
Xí Jìnmíng, nǐ de sùshè fángjiān zěnmeyàng?

시진밍: 我的房间很不错，又干净又安静①。
Wǒ de fángjiān hěn búcuò, yòu gānjìng yòu ānjìng.

정미영: 房间里有什么？
Fángjiān li yǒu shénme?

시진밍: 我的房间里有一张床、一张书桌、
Wǒ de fángjiān li yǒu yì zhāng chuáng、yì zhāng shūzhuō、
一把椅子和一个冰箱②。
yì bǎ yǐzi hé yí ge bīngxiāng.

정미영: 有卫生间吗？
Yǒu wèishēngjiān ma?

시진밍: 有。宿舍南边有羽毛球场，我每天去打羽毛球。
Yǒu. Sùshè nánbian yǒu yǔmáoqiúchǎng, wǒ měitiān qù dǎ yǔmáoqiú.

정미영: 我也喜欢打羽毛球，我们明天一起打吧。
Wǒ yě xǐhuan dǎ yǔmáoqiú, wǒmen míngtiān yìqǐ dǎ ba.

시진밍: 好。明天下课以后你来我这儿吧。
Hǎo. Míngtiān xiàkè yǐhòu nǐ lái wǒ zhèr ba.

교체연습

① ▶ 宽/好
kuān/hǎo
▶ 暖和/舒服
nuǎnhuo/shūfu
▶ 方便/安全
fāngbiàn/ānquán

② ▶ 衣柜
yīguì
▶ 空调
kōngtiáo
▶ 洗衣机
xǐyījī

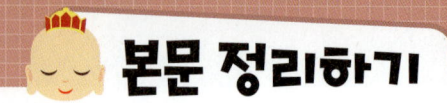
본문 정리하기

1. 방위사

방향과 위치를 나타내는 명사를 '방위사'라 한다.

	东 dōng	西 xī	南 nán	北 běi	上 shàng	下 xià	前 qián	后 hòu	左 zuǒ	右 yòu	里 lǐ	外 wài	旁 páng
边 bian	东边	西边	南边	北边	上边	下边	前边	后边	左边	右边	里边	外边	旁边

예) 我们在学生宿舍前边见面吧。 우리 학생 기숙사 앞에서 만나자.
Wǒmen zài xuésheng sùshè qiánbian jiànmiàn ba.

学生宿舍后边有一个餐厅。 학생 기숙사 뒤에 식당이 하나 있다.
Xuésheng sùshè hòubian yǒu yí ge cāntīng.

2. 존재의 표현

在와 有는 사람이나 사물의 존재를 나타낼 때 사용하며 이러한 문장을 '존재문'이라 한다. 이때 방위사는 단독으로 쓰일 수 있고 사물을 나타내는 명사 뒤에 놓여 장소를 나타내는 말로 쓸 수 있다.

동사 在는 특정한 사람이나 사물이 어떤 장소에 있음을 나타낸다. '그 책'이나 '그 사람'과 같이 이미 알고 있는 것의 존재를 말한다.

　　존재하는 것(특정한)　　+　　在　　+　　존재하는 곳

예) 那本书在桌子上。(○)　　　　　　很多书在桌子上。(×)
Nà běn shū zài zhuōzi shang.　　　Hěn duō shū zài zhuōzi shang.
그 책은 책상 위에 있다.　　　　　　많은 책이 책상 위에 있다.

동사 有는 어떤 장소에 불특정한 사람이나 사물이 있음을 나타낸다.

| 존재하는 곳 | + | 有 | + | 존재하는 것(불특정한) |

예) 桌子上有很多书。(○)
Zhuōzi shang yǒu hěn duō shū.
책상 위에 많은 책이 있다.

桌子上有我的书。(×)
Zhuōzi shang yǒu wǒ de shū.
책상 위에 내 책이 있다.

银行左边有一个邮局。(○)
Yínháng zuǒbian yǒu yí ge yóujú.
은행 왼쪽에 우체국이 하나 있다.

银行左边有那个邮局。(×)
Yínháng zuǒbian yǒu nàge yóujú.
은행 왼쪽에 그 우체국이 있다.

3. 인칭대명사 + 这儿/那儿

인칭대명사의 뒤에 지시사 这儿이나 那儿이 오면 '~가 있는 곳(이곳, 그곳)'이란 의미를 나타낸다.

예) 他那儿 그가 있는 (그)곳
tā nàr

你那儿 네가 있는 (그)곳
nǐ nàr

我这儿 내가 있는 (이)곳
wǒ zhèr

어휘 더하기 ▶ 가전제품

□ 煤气炉 méiqìlú 가스레인지
□ 微波炉 wēibōlú 전자레인지
□ 电饭锅 diànfànguō 전기밥솥
□ 吸尘器 xīchénqì 청소기

□ 熨斗 yùndǒu 다리미
□ 吹风机 chuīfēngjī 헤어드라이어
□ 电脑 diànnǎo 컴퓨터
□ 打印机 dǎyìnjī 프린터

01 留学生宿舍在哪儿?

회화 확장하기

● 질문에 스스로 답해 보고, 바꿔서 말해 보세요.

1 🎧 01-05

A 留学生宿舍在哪儿?
Liúxuéshēng sùshè zài nǎr?

B

▸ 留学生宿舍在那座楼后边。
Liúxuéshēng sùshè zài nà zuò lóu hòubian.

▸ 留学生宿舍在那座楼前边。
Liúxuéshēng sùshè zài nà zuò lóu qiánbian.

▸ 留学生宿舍在羽毛球场南边。
Liúxuéshēng sùshè zài yǔmáoqiúchǎng nánbian.

2 🎧 01-06

A 宿舍里有什么?
Sùshè li yǒu shénme?

B

▸ 宿舍里有餐厅、小卖部、咖啡厅什么的。
Sùshè li yǒu cāntīng、xiǎomàibù、kāfēitīng shénmede.

▸ 有厨房、卫生间什么的。
Yǒu chúfáng、wèishēngjiān shénmede.

▸ 我们的宿舍里有一家咖啡厅。
Wǒmen de sùshè li yǒu yì jiā kāfēitīng.

3   🎧 01-07

A 你的宿舍房间怎么样?
Nǐ de sùshè fángjiān zěnmeyàng?

B _____

▸ 我的房间很不错,又干净又安静。
Wǒ de fángjiān hěn búcuò, yòu gānjìng yòu ānjìng.

▸ 很好,我的房间很干净。
Hěn hǎo, wǒ de fángjiān hěn gānjìng.

▸ 非常好,什么都有。
Fēicháng hǎo, shénme dōu yǒu.

4   🎧 01-08

A 房间里有什么?
Fángjiān li yǒu shénme?

B _____

▸ 我的房间里有一张床、一张书桌、一把椅子和一个冰箱。
Wǒ de fángjiān li yǒu yì zhāng chuáng、yì zhāng shūzhuō、yì bǎ yǐzi hé yí ge bīngxiāng.

▸ 房间里有一台电视、一张床。
Fángjiān li yǒu yì tái diànshì、yì zhāng chuáng.

▸ 有一个冰箱、一张书桌什么的。
Yǒu yí ge bīngxiāng、yì zhāng shūzhuō shénmede.

01 留学生宿舍在哪儿?   23

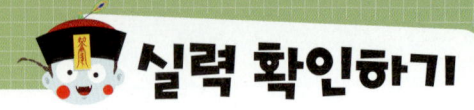 실력 확인하기

○ 다음 한국어 문장을 보고 중국어로 말해 보세요.

1. 유학생 기숙사는 저 건물 뒤쪽에 있어요.
   유학생 기숙사는 저 건물 남쪽에 있어요.
   유학생 기숙사는 저 건물 오른쪽에 있어요.

2. 기숙사 안에는 식당, 매점, 카페 등이 있어요.
   방 안에는 침대와 책상, 의자 그리고 냉장고가 있어.
   기숙사 안에는 헬스장이 없어요.

3. 내 방은 깨끗하기도 하고 조용하기도 해.
   내 여자 친구는 예쁘기도 하고 귀엽기도 해.
   내 남자 친구는 잘생기기도 하고 똑똑하기도 해.

4. 나도 배드민턴 치는 것을 좋아해.
   나도 영화 보는 것을 좋아해.
   나도 중국어 공부하는 것을 좋아해.

이번 과에서 배운 단어를 찾아보세요.

长江后浪推前浪。
Chángjiāng hòu làng tuī qián làng.

사물이나 사람은 끊임없이 새롭게 교체되기 마련이다.

Lesson 02

我弟弟是大学生了。
Wǒ dìdi shì dàxuéshēng le.

내 남동생은 대학생이 됐어.

학습 목표 현재와 관련된 상태의 변화 표현하기
동작의 완성 표현하기

학습 내용 어기조사 了
동태조사 了
어기조사 呢
개사 离

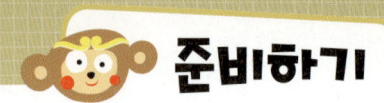

◉ 이번 과의 핵심 문장과 새 단어를 미리 학습해 보세요.

단어 🎧 02-01

- ☐ 回 huí 〔동〕 되돌아가다, 되돌아오다
- ☐ 了 le 〔조〕 동작의 완성 표시, 상태의 변화 표시
- ☐ 好久 hǎojiǔ 〔형〕 (시간이) 오래다
- ☐ 更 gèng 〔부〕 더욱, 더, 훨씬
- ☐ 学期 xuéqī 〔명〕 학기
- ☐ 选 xuǎn 〔동〕 선택하다, 뽑다, 고르다

- ☐ 恭喜 gōngxǐ 〔동〕 축하하다
- ☐ 周末 zhōumò 〔명〕 주말
- ☐ 挺 tǐng 〔부〕 매우, 상당히, 대단히, 아주
- ☐ 长 cháng 〔형〕 (기간이) 길다, (시간이) 길다
- ☐ 羡慕 xiànmù 〔동〕 부러워하다, 흠모하다
- ☐ 考试 kǎoshì 〔명〕 시험 〔동〕 시험을 치다

▶ 교체연습

- ☐ 瘦 shòu 〔형〕 마르다
- ☐ 高 gāo 〔형〕 (높이, 등급, 수준 등이) 높다, 크다

회화2

我们抽个时间聚一聚吧。
Wǒmen chōu ge shíjiān jù yi jù ba.

우리 언제 모이는 게 좋을까?

단어 🎧 02-02

- 抽 chōu 동 (일부를) 빼내다, 뽑아내다, 추출하다
- 聚 jù 동 모이다, 회합하다
- 聚会 jùhuì 동 모이다, 회합하다 명 모임, 회합
- 随时 suíshí 부 수시로, 언제나, 언제든지
- 申请 shēnqǐng 동 신청하다
- 学分 xuéfēn 명 학점
- 累 lèi 형 지치다, 피곤하다
- 参加 cānjiā 동 참가하다, 참여하다
- 地方 dìfang 명 장소, 자리, 곳
- 离 lí 개 (거리 표시) ~에서, ~로부터
- 近 jìn 형 가깝다, 짧다
- 不用 búyòng 부 ~할 필요가 없다
- 坐车 zuò chē 차를 타다

▶ 교체연습
- 地铁站 dìtiězhàn 명 지하철역

본문 회화

회화1 ▶ 오랜만에 만난 대한과 동동이 인사를 나눈다. 🎧 02-03

교체연습
① ▶ 瘦 shòu
▶ 忙 máng
▶ 高 gāo

김대한 你回来了！好久不见！
Nǐ huílai le! Hǎojiǔ bú jiàn!

왕동동 我回来了。好久不见！
Wǒ huílai le. Hǎojiǔ bú jiàn!

김대한 你爸爸妈妈都好吗？
Nǐ bàba māma dōu hǎo ma?

왕동동 他们都很好。我弟弟是大学生了，更**胖**①了。
Tāmen dōu hěn hǎo. Wǒ dìdi shì dàxuéshēng le, gèng pàng le.
你家都好吧？
Nǐ jiā dōu hǎo ba?

김대한 都很好。你这个学期选了几门课？
Dōu hěn hǎo. Nǐ zhège xuéqī xuǎnle jǐ mén kè?

왕동동 我选了五门课，每天都有课。
Wǒ xuǎnle wǔ mén kè, měitiān dōu yǒu kè.

김대한 我选了四门课，这个学期星期五没有课。
Wǒ xuǎnle sì mén kè, zhège xuéqī xīngqīwǔ méiyǒu kè.

왕동동 恭喜恭喜！这个学期你的周末挺长。
Gōngxǐ gōngxǐ! Zhège xuéqī nǐ de zhōumò tǐng cháng.

김대한 羡慕什么呀！有一门课每周都有考试呢。
Xiànmù shénme ya! Yǒu yì mén kè měi zhōu dōu yǒu kǎoshì ne.

> **회화2** ▸ 새학기를 맞이하여 동동과 대한이 약속을 잡는다. 🎧 02-04

교체연습
① ▸ 地铁站 dìtiězhàn
▸ 这儿 zhèr
▸ 我家 wǒ jiā

왕동동
朋友们都回来了，我们抽个时间聚一聚吧。
Péngyoumen dōu huílai le, wǒmen chōu ge shíjiān jù yi jù ba.

김대한
我们什么时候聚会好呢？我随时都可以。
Wǒmen shénme shíhou jùhuì hǎo ne? Wǒ suíshí dōu kěyǐ.

왕동동
我这个学期申请了24个学分，每天都有课，有点儿累，
Wǒ zhège xuéqī shēnqǐngle èrshísì ge xuéfēn, měitiān dōu yǒu kè, yǒudiǎnr lèi,
周末聚会怎么样？
zhōumò jùhuì zěnmeyàng?

김대한
这个星期六是我女朋友的生日，我不能参加。
Zhège xīngqīliù shì wǒ nǚpéngyou de shēngrì, wǒ bù néng cānjiā.

왕동동
那么，星期五晚上好不好？
Nàme, xīngqīwǔ wǎnshang hǎo bu hǎo?

김대한
星期五晚上挺好。那么，我们在什么地方聚会呢？
Xīngqīwǔ wǎnshang tǐng hǎo. Nàme, wǒmen zài shénme dìfang jùhuì ne?

왕동동
我上个星期周末和朋友一起去了一家餐厅，
Wǒ shàng ge xīngqī zhōumò hé péngyou yìqǐ qùle yì jiā cāntīng,
那家餐厅挺好，菜又好吃又便宜。
nà jiā cāntīng tǐng hǎo, cài yòu hǎochī yòu piányi.

김대한
那家餐厅在哪儿？
Nà jiā cāntīng zài nǎr?

왕동동
在学校的东边，离学校① 很近，我们不用坐车去。
Zài xuéxiào de dōngbian, lí xuéxiào hěn jìn, wǒmen búyòng zuò chē qù.

김대한
挺好。
Tǐng hǎo.

02 我弟弟是大学生了。 29

본문 정리하기

1. 어기조사 了

어기조사 了는 문장의 맨 끝에 놓여 어떤 상태의 변화를 표시한다.

예) 我妹妹是高中生。 내 여동생은 고등학생이다. → 我妹妹是高中生了。 내 여동생은 고등학생이 되었다.
Wǒ mèimei shì gāozhōngshēng. Wǒ mèimei shì gāozhōngshēng le.

他个子很高。 그는 키가 매우 크다. → 他个子高了。 그는 키가 커졌다.
Tā gèzi hěn gāo. Tā gèzi gāo le.

2. 동태조사 了

동태조사 了는 동사 뒤에 위치하여 동작이나 행위가 완성되었거나 완료되었음을 표시한다. 일반적으로 아래와 같은 형식에서 쓰인다.

1) 목적어 앞이나 뒤에 수량구가 있는 경우

예) 昨天我看了一部电影。 나는 어제 영화를 한 편 보았다.
Zuótiān wǒ kànle yí bù diànyǐng.

我等了他两天。 나는 그를 이틀 기다렸다.
Wǒ děngle tā liǎng tiān.

2) 목적어 앞에 목적어를 수식하는 성분이 있는 경우

예) 今天我们看了中国电影。 오늘 우리는 중국 영화를 보았다.
Jīntiān wǒmen kànle Zhōngguó diànyǐng.

3) 동사 앞에 부사어가 있는 경우

예) 我跟朋友一起去了餐厅。 나는 친구와 함께 식당에 갔다.
Wǒ gēn péngyou yìqǐ qùle cāntīng.

목적어의 수량구 또는 수식어가 없거나 동사 앞에 부사어가 없고 목적어만 있는 경우 동태조사 了가 쓰인다면 불완전한 문장이다. 그러나 뒤에 이어지는 문장이 있다면 가능한 표현이다.

예) 我看了电影。(×) → 我看了电影，他看了电视。(○)
Wǒ kànle diànyǐng. Wǒ kànle diànyǐng, tā kànle diànshì.
나는 영화를 보았고 그는 TV를 보았다.

我去了北京。(×) → 昨天我爸爸去了北京，妈妈去了上海。(○)
Wǒ qùle Běijīng. Zuótiān wǒ bàba qùle Běijīng, māma qùle Shànghǎi.
어제 나의 아버지는 베이징에 가셨고, 어머니는 상하이에 가셨다.

문장 끝에 어기조사 了가 있는 경우에는 동태조사 了가 생략된 것으로 볼 수 있다.

- 예) 他去(了)北京了。 그는 베이징에 갔다.
  Tā qù(le) Běijīng le.

  他看(了)电影了。 그는 영화를 보았다.
  Tā kàn(le) diànyǐng le.

3. 어기조사 呢

어기조사 呢를 의문문의 끝에 쓰면 어조가 상당히 부드러워진다.

- 예) 为什么不去? 왜 안 가지?   →   为什么不去呢? 왜 안 가는 거지요?
  Wèishénme bú qù?   Wèishénme bú qù ne?

진술문의 끝에 쓰면 사실을 확인해 주는 기능과 화자의 단정을 표시한다.

- 예) 我每天都有课呢。 나는 매일 수업이 있다.
  Wǒ měitiān dōu yǒu kè ne.

  他还没有看呢。 그는 아직 안 봤습니다.
  Tā hái méiyǒu kàn ne.

4. 개사 离

개사 离는 두 공간의 거리나 시간상의 거리를 표시한다.

- 예) 我家离这儿很远。 우리 집은 여기에서 멀다.
  Wǒ jiā lí zhèr hěn yuǎn.

  离上课还有五分钟。 수업까지는 아직 5분이 남아 있다.
  Lí shàngkè háiyǒu wǔ fēnzhōng.

회화 확장하기

🔵 질문에 스스로 답해 보고, 바꿔서 말해 보세요.

1 🎧 02-05

A 他回来了吗?
Tā huílai le ma?

B

▶ 他今天回来了。
Tā jīntiān huílai le.

▶ 他还没回来,下个星期回来。
Tā hái méi huílai, xià ge xīngqī huílai.

▶ 他星期五回来了,我们抽个时间聚一聚吧。
Tā xīngqīwǔ huílai le, wǒmen chōu ge shíjiān jù yi jù ba.

2 🎧 02-06

A 你这个学期选了几门课?
Nǐ zhège xuéqī xuǎnle jǐ mén kè?

B

▶ 我选了五门课,每天都有课。
Wǒ xuǎnle wǔ mén kè, měitiān dōu yǒu kè.

▶ 我选了四门课,这个学期星期五没有课。
Wǒ xuǎnle sì mén kè, zhège xuéqī xīngqīwǔ méiyǒu kè.

▶ 我只选了三门课,课余时间挺多。
Wǒ zhǐ xuǎnle sān mén kè, kèyú shíjiān tǐng duō.

3

A 我们什么时候聚会好呢?
Wǒmen shénme shíhou jùhuì hǎo ne?

B

▸ 我随时都可以。
Wǒ suíshí dōu kěyǐ.

▸ 我每天都有课，有点儿累，不能参加。
Wǒ měitiān dōu yǒu kè, yǒudiǎnr lèi, bù néng cānjiā.

▸ 周末聚会怎么样?
Zhōumò jùhuì zěnmeyàng?

4

A 我们在什么地方聚会呢?
Wǒmen zài shénme dìfang jùhuì ne?

B

▸ 我上个星期周末和朋友一起去了一家餐厅，那家餐厅挺好。
Wǒ shàng ge xīngqī zhōumò hé péngyou yìqǐ qùle yì jiā cāntīng, nà jiā cāntīng tǐng hǎo.

▸ 学校前边有一家餐厅，那家餐厅的菜又好吃又便宜。
Xuéxiào qiánbian yǒu yì jiā cāntīng, nà jiā cāntīng de cài yòu hǎochī yòu piányi.

▸ 学校的东边有一家咖啡厅，离学校很近，我们不用坐车去。
Xuéxiào de dōngbian yǒu yì jiā kāfēitīng, lí xuéxiào hěn jìn, wǒmen búyòng zuò chē qù.

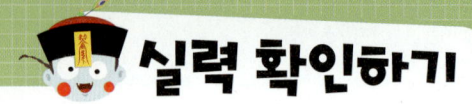

실력 확인하기

➡ 다음 한국어 문장을 보고 중국어로 말해 보세요.

1. 내 남동생은 대학생이 됐어.
내 여동생은 고등학생이 됐어.
그는 키가 커졌어.

2. 너는 이번 학기에 몇 과목을 선택했어?
나는 이번 학기에 다섯 과목을 선택했어.
너는 이번 학기에 몇 학점을 신청했어?
나는 이번 학기에 24학점을 신청했어.

3. 우리 어디에서 모일까?
우리 기숙사 식당에서 모이자.
우리 어디에서 만날까?
우리 학생 식당 앞에서 만나자.

4. 나는 지난 주말에 친구와 함께 한 식당에 갔어.
나는 어제 친구와 함께 한 식당에 갔어.
나는 오늘 친구와 함께 한 식당에 갔어.
나는 수요일에 친구와 함께 한 식당에 갔어.

读过一本好书，像交了一个益友。
Dúguo yì běn hǎoshū, xiàng jiāole yí ge yìyǒu.

한 권의 좋은 책을 읽은 것은 마치 유익한 벗을 사귄 것과 같다.

Lesson 03

你吃过四川菜吗?
Nǐ chīguo Sìchuān cài ma?

너는 쓰촨 요리 먹어 본 적 있어?

학습 목표
경험에 대해 말하기
사물을 지칭하는 표현 말하기

학습 내용
구조조사 的
동태조사 过
(一)点儿과 有(一)点儿
개사 从

준비하기

🔄 이번 과의 핵심 문장과 새 단어를 미리 학습해 보세요.

회화1

你吃过四川菜吗?
Nǐ chīguo Sìchuān cài ma?

쓰촨 요리 먹어 본 적 있어.

단어
03-01

- 随便 suíbiàn 🔤 마음대로, 좋을 대로
- 辣 là 🔤 맵다, 얼얼하다
- 清淡 qīngdàn 🔤 (음식이) 담백하다
- 过 guo 🔤 ~한 적이 있다
- 四川 Sìchuān 🔤 쓰촨(중국 성(省) 이름)
- 老板 lǎobǎn 🔤 상점 주인, 사장, 주인
- 道 dào 🔤 가지(요리를 세는 단위)

- 要 yào 🔤 필요하다, 원하다
- 饮料 yǐnliào 🔤 음료수
- 白酒 báijiǔ 🔤 바이주
- 但是 dànshì 🔤 그러나, 그렇지만
- 事情 shìqing 🔤 일, 사건, 사고
- 啤酒 píjiǔ 🔤 맥주

▶ 교체연습

- 咸 xián 🔤 짜다
- 甜 tián 🔤 달다
- 酸 suān 🔤 시다, 시큼하다

- 北京烤鸭 Běijīng kǎoyā 🔤 베이징 카오야 (베이징 오리 구이)
- 火锅 huǒguō 🔤 훠궈(중국식 샤브샤브)
- 羊肉串 yángròuchuàn 🔤 양꼬치

단어

- 这些 zhèxiē 대 이런 것들, 이들
- 黄 huáng 형 노랗다
- 件 jiàn 양 벌, 건(옷이나 사건 등을 세는 단위)
- 衣服 yīfu 명 옷, 의복
- 新 xīn 형 새롭다, 새것의
- 百货商场 bǎihuò shāngchǎng 명 백화점
- 买 mǎi 동 사다, 구매하다
- 陪 péi 동 모시다, 동반하다, 안내하다
- 从 cóng 개 ~부터, ~을 기점으로
- 带 dài 동 (몸에) 지니다, 휴대하다, 인솔하다
- 不见不散 bújiàn búsàn 약속한 장소에서 만날 때까지 기다리다

▶ 교체연습

- 黑 hēi 형 검정색(의)
- 绿 lǜ 형 초록색(의)
- 红 hóng 형 빨간색(의)
- 蓝 lán 형 파란색(의)
- 灰 huī 형 회색(의)
- 紫 zǐ 형 자주색(의)

03 你吃过四川菜吗? 37

본문 회화

회화1 ▶ 진밍과 미영이 학교 근처 식당에 갔다. 🎧 03-03

시진밍 我们点什么菜啊!
　　　　Wǒmen diǎn shénme cài a!

정미영 你随便点吧。我什么都喜欢吃。
　　　　Nǐ suíbiàn diǎn ba. Wǒ shénme dōu xǐhuan chī.

시진밍 那我们点辣的怎么样?
　　　　Nà wǒmen diǎn là de zěnmeyàng?
　　　　你喜欢吃辣的还是清淡的?
　　　　Nǐ xǐhuan chī là de háishi qīngdàn de?

정미영 我也喜欢吃辣的。我们点辣[1]的吧。
　　　　Wǒ yě xǐhuan chī là de. Wǒmen diǎn là de ba.

시진밍 你吃过四川菜[2]吗? 四川菜非常辣。
　　　　Nǐ chīguo Sìchuān cài ma? Sìchuān cài fēicháng là.

정미영 我吃过四川菜, 上个学期还去过四川呢。
　　　　Wǒ chīguo Sìchuān cài, shàng ge xuéqī hái qùguo Sìchuān ne.

시진밍 我还没去过四川呢。老板，我们点这道菜。
　　　　Wǒ hái méi qùguo Sìchuān ne. Lǎobǎn, wǒmen diǎn zhè dào cài.

정미영 我们要什么饮料? 你喝过白酒吗?
　　　　Wǒmen yào shénme yǐnliào? Nǐ hēguo báijiǔ ma?

시진밍 我喜欢喝白酒，但是今天不能喝，明天我有事情，
　　　　Wǒ xǐhuan hē báijiǔ, dànshì jīntiān bù néng hē, míngtiān wǒ yǒu shìqing,
　　　　我们喝点儿啤酒吧。
　　　　wǒmen hē diǎnr píjiǔ ba.

정미영 好! 昨天我也喝了很多酒, 今天少喝一点儿吧。
　　　　Hǎo! Zuótiān wǒ yě hēle hěn duō jiǔ, jīntiān shǎo hē yìdiǎnr ba.

교체연습

① ▶ 咸 xián
　▶ 甜 tián
　▶ 酸 suān

② ▶ 北京烤鸭 Běijīng kǎoyā
　▶ 火锅 huǒguō
　▶ 羊肉串 yángròuchuàn

 진밍과 미영이 옷걸이에 걸린 옷에 대해 이야기한다.

교체연습

① ▶ 黑/绿
hēi/lǜ
▶ 红/蓝
hóng/lán
▶ 灰/紫
huī/zǐ

시진밍　这些都是谁的？都是你的吗？
Zhèxiē dōu shì shéi de? Dōu shì nǐ de ma?

정미영　黄的是张老师的，白①的是我朋友的。
Huáng de shì Zhāng lǎoshī de, bái de shì wǒ péngyou de.

시진밍　哪件衣服是你的？
Nǎ jiàn yīfu shì nǐ de?

정미영　这件衣服是我的。
Zhè jiàn yīfu shì wǒ de.

시진밍　你的衣服很不错，是新的。
Nǐ de yīfu hěn búcuò, shì xīn de.

정미영　我昨天和朋友一起去百货商场买了几件衣服，
Wǒ zuótiān hé péngyou yìqǐ qù bǎihuò shāngchǎng mǎile jǐ jiàn yīfu,
那儿的衣服很不错。
nàr de yīfu hěn búcuò.

시진밍　是吗？这个周末你能不能陪我去？我也想买几件衣服。
Shì ma? Zhège zhōumò nǐ néng bu néng péi wǒ qù? Wǒ yě xiǎng mǎi jǐ jiàn yīfu.

정미영　好！你要买什么衣服？
Hǎo! Nǐ yào mǎi shénme yīfu?

시진밍　从中国来的时候，我带来的衣服不多，要买几件。
Cóng Zhōngguó lái de shíhou, wǒ dàilai de yīfu bù duō, yào mǎi jǐ jiàn.

정미영　那我们星期六上午11点在宿舍前边见吧。
Nà wǒmen xīngqīliù shàngwǔ shíyī diǎn zài sùshè qiánbian jiàn ba.
不见不散！
Bújiàn búsàn!

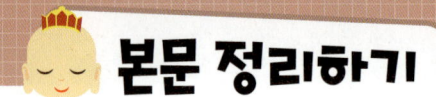

1. 구조조사 的

구조조사 的는 관형어와 중심어 사이에 놓여 '관형어+的+중심어' 구조를 이룬다. 중심어가 생략되는 경우가 있으며, 이때 '관형어+的'는 우리말로 '~한 것'으로 번역된다.

형용사 + 的	红的 빨간 것 hóng de	大的 큰 것 dà de
대명사 + 的	我的 나의 것 wǒ de	你的 너의 것 nǐ de
명사 + 的	老师的 선생님의 것 lǎoshī de	学校的 학교의 것 xuéxiào de
동사 + 的	吃的 먹는 것 chī de	喝的 마시는 것 hē de
주어 + 동사 + 的	我看的 내가 본 것 wǒ kàn de	我听的 내가 들은 것 wǒ tīng de

2. 동태조사 过

동태조사 过는 동사 뒤에 놓여 과거의 경험을 표시한다. '~한 적이 있다'로 번역된다.

예) 我去过中国。 나는 중국에 가 본 적이 있다.
　　Wǒ qùguo Zhōngguó.

　　我吃过四川菜。 나는 쓰촨 요리를 먹어 본 적이 있다.
　　Wǒ chīguo Sìchuān cài.

동태조사 过가 있는 문장은 没(有)로 부정한다.

예) 我没有去过中国。 나는 중국에 가 본 적이 없다.
　　Wǒ méiyǒu qùguo Zhōngguó.

　　我没有吃过四川菜。 나는 쓰촨 요리를 먹어 본 적이 없다.
　　Wǒ méiyǒu chīguo Sìchuān cài.

의문문은 아래와 같이 세 종류로 표현할 수 있다.

예) 你去过中国吗? 너는 중국에 가 본 적이 있니?
Nǐ qùguo Zhōngguó ma?

你去过中国没有? 너는 중국에 가 본 적이 있니?
Nǐ qùguo Zhōngguo méiyǒu?

你有没有去过中国? 너는 중국에 가 본 적이 있니?
Nǐ yǒu méiyǒu qùguo Zhōngguó?

3. (一)点儿과 有(一)点儿

(一)点儿과 有(一)点儿은 우리말로 '조금' 또는 '약간'으로 번역한다. 그러나 이 둘은 문장 안에서 놓이는 위치가 다르며, 有(一)点儿은 주로 부정 혹은 불만을 표시할 때 쓰인다.

1) 형용사 + (一)点儿

예) 他比我高一点儿。그는 나보다 키가 좀 크다.
Tā bǐ wǒ gāo yìdiǎnr.

有没有长一点儿的? 좀 긴 것이 있습니까?
Yǒu méiyǒu cháng yìdiǎnr de?

2) 동사 + (一)点儿 + (명사)

예) 今天我买了一点儿东西。
Jīntiān wǒ mǎile yìdiǎnr dōngxi.
나는 오늘 물건을 좀 샀다.

少喝点儿(酒)吧。
Shǎo hē diǎnr (jiǔ) ba.
(술을) 조금만 마셔.

3) 有(一)点儿 + 형용사

예) 这件衣服有点儿长。이 옷은 좀 길다.
Zhè jiàn yīfu yǒudiǎnr cháng.

我今天有点儿累。나는 오늘 좀 피곤하다.
Wǒ jīntiān yǒudiǎnr lèi.

4. 개사 从

개사 从은 장소와 시간의 기점을 나타낸다.

예) 我朋友明天从中国来。내 친구는 내일 중국에서 온다.
Wǒ péngyou míngtiān cóng Zhōngguó lái.

我们从明天开始上课。우리는 내일부터 수업을 시작한다.
Wǒmen cóng míngtiān kāishǐ shàngkè.

회화 확장하기

> 질문에 스스로 답해 보고, 바꿔서 말해 보세요.

1 03-05

A 我们点什么菜啊!
Wǒmen diǎn shénme cài a!

B _____

▸ 你随便点吧。我什么都喜欢吃。
Nǐ suíbiàn diǎn ba. Wǒ shénme dōu xǐhuan chī.

▸ 我喜欢吃辣的，我们点辣的吧。
Wǒ xǐhuan chī là de, wǒmen diǎn là de ba.

▸ 我不喜欢吃辣的，我们点清淡的吧。
Wǒ bù xǐhuan chī là de, wǒmen diǎn qīngdàn de ba.

2 03-06

A 你喝过白酒吗?
Nǐ hēguo báijiǔ ma?

B _____

▸ 我喜欢喝白酒，但是今天不能喝，明天我有事情。
Wǒ xǐhuan hē báijiǔ, dànshì jīntiān bù néng hē, míngtiān wǒ yǒu shìqing.

▸ 我喜欢喝白酒，我们喝点儿白酒吧。
Wǒ xǐhuan hē báijiǔ, wǒmen hē diǎnr báijiǔ ba.

▸ 我还没喝过，你喜欢喝白酒吗?
Wǒ hái méi hēguo, nǐ xǐhuan hē báijiǔ ma?

3 　 03-07

A 这些都是谁的?
　　Zhèxiē dōu shì shéi de?

B _____

▸ 黄的是张老师的，白的是我朋友的。
　Huáng de shì Zhāng lǎoshī de, bái de shì wǒ péngyou de.

▸ 这件不是我的，那件是我的。
　Zhè jiàn bú shì wǒ de, nà jiàn shì wǒ de.

▸ 是我的，都是昨天买的。
　Shì wǒ de, dōu shì zuótiān mǎi de.

4 　 03-08

A 这个周末你能不能陪我去?
　　Zhège zhōumò nǐ néng bu néng péi wǒ qù?

B _____

▸ 我也想买几件衣服，那儿的衣服很不错，我们一起去吧。
　Wǒ yě xiǎng mǎi jǐ jiàn yīfu, nàr de yīfu hěn búcuò, wǒmen yìqǐ qù ba.

▸ 这个周末我有事，不能陪你去。
　Zhège zhōumò wǒ yǒu shì, bù néng péi nǐ qù.

▸ 这个周末是我女朋友的生日，不能陪你去。
　Zhège zhōumò shì wǒ nǚpéngyou de shēngrì, bù néng péi nǐ qù.

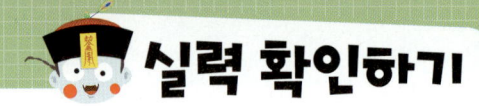 **실력 확인하기**

🔸 다음 한국어 문장을 보고 중국어로 말해 보세요.

1. 너는 쓰촨 요리 먹어 본 적 있어?
   너는 바이주 마셔 본 적 있어?
   너는 베이징에 가 본 적 있어?
   너는 우리 학교에 와 본 적 있어?

2. 나도 매운 것 먹는 것을 좋아해.
   나도 쓰촨 요리 먹는 것을 좋아해.
   나도 바이주 마시는 것을 좋아해.
   나도 맥주 마시는 것을 좋아해.

3. 어느 옷이 네 것이야?
   이 옷이 내 것이야.
   노란 것이 내 것이야.
   새것이 내 것이야.

4. 이번 주말에 나를 데리고 가 줄 수 있어?
   이번 주말에 나를 데리고 백화점에 가 줄 수 있어?
   이번 주말에 나와 함께 커피를 마실 수 있어?
   이번 주말에 나와 함께 저녁 먹을 수 있어?

이번 과에서 배운 단어를 찾아보세요.

和你一同笑过的人，你可能把他忘掉；
Hé nǐ yìtóng xiàoguo de rén, nǐ kěnéng bǎ tā wàngdiào;

但是和你一同哭过的人，你却永远不忘。
dànshì hé nǐ yìtóng kūguo de rén, nǐ què yǒngyuǎn bú wàng.

당신과 함께 웃었던 사람은 잊어버릴 수 있지만,
당신과 함께 울었던 사람은 영원히 잊지 못할 것이다.

Lesson 04

我学汉语学了三年了。
Wǒ xué Hànyǔ xuéle sān nián le.

나는 중국어를 배운 지 3년 됐어.

학습 목표	동작과 관련된 시간 표현하기
	동작과 관련된 상태 표현하기
학습 내용	정도보어(1)
	시량보어
	부사 正在
	조동사 得

 준비하기

◎ 이번 과의 핵심 문장과 새 단어를 미리 학습해 보세요.

 회화1

중국어를 배운 지 얼마나 됐니?

我学汉语学了三年了。
Wǒ xué Hànyǔ xuéle sān nián le.

단어 🎧 04-01

- 说 shuō 동 말하다, 이야기하다
- 得 de 조 동사와 보어를 이어주는 조사
- 流利 liúlì 형 유창하다, 막힘이 없다
- 多长时间 duōcháng shíjiān 얼마 동안
- 过奖 guòjiǎng 동 과찬이십니다, 과분한 칭찬입니다
- 高二 gāo'èr 고등학교 2학년
- 开始 kāishǐ 동 시작하다, 착수하다
- 已经 yǐjing 부 이미, 벌써
- 打算 dǎsuan 동 ~할 작정이다, 계획하다
- 寒假 hánjià 명 겨울 방학, 겨울 휴가
- 欢迎 huānyíng 동 환영하다, 영접하다
- 联系 liánxì 동 연락하다

▶ 교체연습

- 做菜 zuò cài 요리하다
- 打篮球 dǎ lánqiú 농구하다
- 棒 bàng 형 (수준이) 높다, 훌륭하다

단어

- 正在 zhèngzài 〔부〕 지금 막 ~하고 있다 (동작의 진행 표시)
- 昨晚 zuówǎn 〔명〕 어제 저녁
- 晚 wǎn 〔형〕 늦다
- 因此 yīncǐ 〔접〕 이 때문에, 그래서
- 困 kùn 〔형〕 졸리다
- 找 zhǎo 〔동〕 찾다, 찾아가다, 방문하다
- 特别 tèbié 〔형〕 특별하다

- 拜托 bàituō 〔동〕 (삼가) 부탁드립니다, 부탁드리다
- 演讲 yǎnjiǎng 〔동〕 강연하다, 연설하다 〔명〕 강연, 연설
- 比赛 bǐsài 〔동〕 경기하다, 시합하다 〔명〕 경기, 시합
- 纠正 jiūzhèng 〔동〕 교정하다, 고치다
- 那么 nàme 〔대〕 그렇게, 저렇게
- 担心 dānxīn 〔동〕 걱정하다, 염려하다
- 得 děi 〔조동〕 ~해야 한다

▶ 교체연습

- 逛街 guàngjiē 〔동〕 거리를 거닐다

본문 회화

회화1 ▶ 동동이 대한에게 중국 친구 빙빙을 소개한다. 🎧 04-03

교체연습	
① ▶ 做菜做/不错 zuò cài zuò/búcuò
▶ 踢足球踢/好 tī zúqiú tī/hǎo
▶ 打篮球打/棒 dǎ lánqiú dǎ/bàng
② ▶ 做作业做 zuò zuòyè zuò
▶ 看电影看 kàn diànyǐng kàn
▶ 坐车坐 zuò chē zuò

왕동동　你们互相认识一下。
　　　　Nǐmen hùxiāng rènshi yíxià.

리빙빙　你好！我叫李冰冰。
　　　　Nǐ hǎo! Wǒ jiào Lǐ Bīngbīng.

김대한　你好！我叫金大韩。
　　　　Nǐ hǎo! Wǒ jiào Jīn Dàhán.

리빙빙　你说汉语说得非常流利①。
　　　　Nǐ shuō Hànyǔ shuō de fēicháng liúlì.

　　　　你学汉语学②了多长时间了？
　　　　Nǐ xué Hànyǔ xuéle duōcháng shíjiān le?

김대한　过奖过奖！我学汉语学了三年了。
　　　　Guòjiǎng guòjiǎng! Wǒ xué Hànyǔ xuéle sān nián le.

리빙빙　那你从高二就开始学了吧。
　　　　Nà nǐ cóng gāo'èr jiù kāishǐ xué le ba.

김대한　对！我高二就开始学汉语了。你来韩国多长时间了？
　　　　Duì! Wǒ gāo'èr jiù kāishǐ xué Hànyǔ le. Nǐ lái Hánguó duōcháng shíjiān le?

리빙빙　我来韩国已经三年了。你去过中国吗？
　　　　Wǒ lái Hánguó yǐjing sān nián le. Nǐ qùguo Zhōngguó ma?

김대한　我还没有去过中国。
　　　　Wǒ hái méiyǒu qùguo Zhōngguó.

　　　　我打算今年寒假和我朋友一起去上海。
　　　　Wǒ dǎsuan jīnnián hánjià hé wǒ péngyou yìqǐ qù Shànghǎi.

리빙빙　欢迎你们来上海！那时你们一定要跟我联系，我请客。
　　　　Huānyíng nǐmen lái Shànghǎi! Nà shí nǐmen yídìng yào gēn wǒ liánxì, wǒ qǐngkè.

▶ 대한이 동동에게 한 가지 부탁을 한다. 🎧 04-04

교체연습
① ▶ 打电话 dǎ diànhuà
▶ 上网 shàngwǎng
▶ 逛街 guàngjiē

김대한 你正在做什么呢?
　　　　Nǐ zhèngzài zuò shénme ne?

왕동동 我正在做作业①呢。最近作业比较多。
　　　　Wǒ zhèngzài zuò zuòyè ne. Zuìjìn zuòyè bǐjiào duō.

김대한 我也是，昨晚做作业做得很晚，早上起床起得很早，
　　　　Wǒ yě shì, zuówǎn zuò zuòyè zuò de hěn wǎn, zǎoshang qǐchuáng qǐ de hěn zǎo,

　　　　因此我还有点儿困呢。
　　　　yīncǐ wǒ hái yǒudiǎnr kùn ne.

왕동동 你来找我有什么事儿吗?
　　　　Nǐ lái zhǎo wǒ yǒu shénme shìr ma?

김대한 没有什么特别的事儿，我只想拜托你一件事。
　　　　Méiyǒu shénme tèbié de shìr, wǒ zhǐ xiǎng bàituō nǐ yí jiàn shì.

왕동동 是什么事?
　　　　Shì shénme shì?

김대한 我下个月要去北京参加汉语演讲比赛，
　　　　Wǒ xià ge yuè yào qù Běijīng cānjiā Hànyǔ yǎnjiǎng bǐsài,

　　　　请你纠正一下我的发音。
　　　　qǐng nǐ jiūzhèng yíxià wǒ de fāyīn.

왕동동 你汉语说得那么好，我觉得没什么纠正的。
　　　　Nǐ Hànyǔ shuō de nàme hǎo, wǒ juéde méi shénme jiūzhèng de.

김대한 我还有点儿担心，你还是抽个时间给我纠正一下吧。
　　　　Wǒ hái yǒudiǎnr dānxīn, nǐ háishi chōu ge shíjiān gěi wǒ jiūzhèng yíxià ba.

왕동동 那好吧! 但是今天你得请客。
　　　　Nà hǎo ba! Dànshì jīntiān nǐ děi qǐngkè.

04 我学汉语学了三年了。　49

본문 정리하기

1. 정도보어(1)

술어 뒤에서 동작이나 상태의 정도를 나타내거나 묘사하는 보어가 바로 '정도보어'이다. 정도보어에 很, 非常 같은 정도부사를 붙여 표현하며, 이러한 문장을 번역할 때 得의 뒷부분을 우리말의 부사어처럼 번역하면 자연스럽다.

기본 어순   주어 + 동사 + 得 + 정도보어

예) 他吃得很快。 그는 빨리 먹는다.
Tā chī de hěn kuài.

목적어가 있을 경우   주어 + (동사) + 목적어 + 동사 + 得 + 정도보어

예) 他吃饭吃得很快。 그는 밥을 빨리 먹는다.
Tā chī fàn chī de hěn kuài.

부정문   주어 + 동사 + 得 + 不 + 정도보어

예) 他吃得不快。 그는 빨리 먹지 않는다.
Tā chī de bú kuài.

吗의문문   주어 + 동사 + 得 + 정도보어 + 吗

예) 他吃得快吗? 그는 빨리 먹습니까?
Tā chī de kuài ma?

정반의문문   주어 + 동사 + 得 + 정도보어 긍정형 + 부정형

예) 他吃得快不快? 그는 빨리 먹습니까?
Tā chī de kuài bu kuài?

2. 시량보어

동작이나 행위의 시간의 양을 나타내는 보어를 시량보어라 한다.

기본 어순   주어 + 동사 + 시량보어

예) 我每天学习一个小时。 나는 매일 한 시간씩 공부한다.
Wǒ měitiān xuéxí yí ge xiǎoshí.

목적어가 있는 경우에는 목적어의 종류에 따라 시량보어의 위치가 다르다.

1) 목적어가 일반명사일 경우: 시량보어는 목적어 앞에 위치

예) 我每天学习一个小时(的)汉语。 나는 매일 한 시간씩 중국어를 공부한다.
Wǒ měitiān xuéxí yí ge xiǎoshí (de) Hànyǔ.

2) 목적어가 인칭대명사일 경우: 시량보어는 목적어 뒤에 위치
   - 예) 我等他一个小时。 나는 그를 한 시간이나 기다렸다.
     Wǒ děng tā yí ge xiǎoshí.

3) 지속성이 없는 비지속성 동사 来, 去, 到, 死 등에 목적어가 따르는 경우 : 시량보어는 목적어 뒤에 위치
   - 예) 他来中国一年了。 그는 중국에 온 지 1년이 되었다.
     Tā lái Zhōngguó yì nián le.

목적어를 앞으로 이동시키는 경우의 어순은 다음과 같다.

| 주어 + (동사) + 목적어 + 동사 + 了(완료) + 시량보어(시간의 양) |

- 예) 我学汉语学了一年。 나는 중국어를 1년 공부했다. (완료 : 지금은 공부하고 있지 않음)
  Wǒ xué Hànyǔ xuéle yì nián.

| 주어 + (동사) + 목적어 + 동사 + (了) + 시량보어(시간의 양) + 了(지속) |

- 예) 我学汉语学(了)一年了。 나는 중국어를 1년째 공부하고 있다. (지속 : 지금도 공부하고 있음)
  Wǒ xué Hànyǔ xué(le) yì nián le.

3. 부사 正在

부사 正在는 동작의 진행 혹은 상태의 지속을 나타내며, 문장 끝에 어기조사 呢를 붙일 수 있다.

- 예) 他正在吃饭(呢)。 그는 밥을 먹고 있다.
  Tā zhèngzài chī fàn (ne).

4. 조동사 得

조동사 得 děi는 '~을 해야 한다'라는 강한 당위를 나타낸다. 부정은 不用을 쓴다.

- 예) 今天你得请客。   →   今天你不用请客。
  Jīntiān nǐ děi qǐngkè.   Jīntiān nǐ búyòng qǐngkè.
  오늘 너는 한턱내야 한다.   오늘 너는 한턱낼 필요가 없다.

  你得去学校。   →   你不用去学校。
  Nǐ děi qù xuéxiào.   Nǐ búyòng qù xuéxiào.
  너는 학교에 가야 한다.   너는 학교에 갈 필요가 없다.

회화 확장하기

○ 질문에 스스로 답해 보고, 바꿔서 말해 보세요.

1 🎧 04-05

A 他说汉语说得怎么样?
　 Tā shuō Hànyǔ shuō de zěnmeyàng?

B _____

▸ 他说汉语说得非常流利。
　Tā shuō Hànyǔ shuō de fēicháng liúlì.

▸ 他说汉语说得很好，是中文系的学生，学汉语学了三年了。
　Tā shuō Hànyǔ shuō de hěn hǎo, shì Zhōngwénxì de xuésheng, xué Hànyǔ xuéle sān nián le.

▸ 他说汉语说得不太好，是一年级的学生。
　Tā shuō Hànyǔ shuō de bú tài hǎo, shì yì niánjí de xuésheng.

2 🎧 04-06

A 你来韩国多长时间了?
　 Nǐ lái Hánguó duōcháng shíjiān le?

B _____

▸ 我来韩国已经三年了。
　Wǒ lái Hánguó yǐjing sān nián le.

▸ 已经来了五年了。
　Yǐjing láile wǔ nián le.

▸ 还不到一年。
　Hái bú dào yì nián.

3 04-07

A 你正在做什么呢?
　　Nǐ zhèngzài zuò shénme ne?

B _____

▸ 我正在做作业呢。最近作业比较多。
　Wǒ zhèngzài zuò zuòyè ne. Zuìjìn zuòyè bǐjiào duō.

▸ 我正在看电视呢。
　Wǒ zhèngzài kàn diànshì ne.

▸ 我正在学习汉语呢。我下个月要去北京参加汉语演讲比赛。
　Wǒ zhèngzài xuéxí Hànyǔ ne. Wǒ xià ge yuè yào qù Běijīng cānjiā Hànyǔ yǎnjiǎng bǐsài.

4 04-08

A 你来找我有什么事儿吗?
　　Nǐ lái zhǎo wǒ yǒu shénme shìr ma?

B _____

▸ 没有什么特别的事儿,我只想拜托你一件事。
　Méiyǒu shénme tèbié de shìr, wǒ zhǐ xiǎng bàituō nǐ yí jiàn shì.

▸ 我下个月要去北京参加汉语演讲比赛,请你纠正一下我的发音。
　Wǒ xià ge yuè yào qù Běijīng cānjiā Hànyǔ yǎnjiǎng bǐsài, qǐng nǐ jiūzhèng yíxià wǒ de fāyīn.

▸ 我打算今年寒假和我朋友一起去上海,我有点儿担心。
　Wǒ dǎsuan jīnnián hánjià hé wǒ péngyou yìqǐ qù Shànghǎi, wǒ yǒudiǎnr dānxīn.
　你去过上海吧?
　Nǐ qùguo Shànghǎi ba?

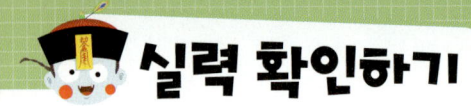
실력 확인하기

➡ 다음 한국어 문장을 보고 중국어로 말해 보세요.

1. 너는 중국어를 상당히 유창하게 잘한다.
   그는 일찍 일어난다.
   그는 저녁밥을 늦게 먹는다.
   그는 중국어 공부를 잘한다.

2. 너는 한국에 온 지 얼마나 됐어?
   나는 한국에 온 지 이미 3년 됐어.
   네 친구는 상하이에 간 지 얼마나 됐어?
   내 친구는 상하이에 간 지 이미 2년이 됐어.

3. 너는 지금 뭐 하고 있니?
   나는 지금 숙제하고 있어.
   나는 지금 저녁을 먹고 있어.
   나는 지금 중국어를 공부하고 있어.

4. 오늘 네가 한턱내야 해.
   오늘 나는 돌아가야 해.
   너는 중국어 공부를 열심히 해야 해.
   나는 24학점을 신청해야 해.

이번 과에서 배운 단어를 찾아보세요.

自己活着就是为了别人过得更美好。
Zìjǐ huózhe jiùshì wèile biérén guò de gèng měihǎo.

우리가 사는 이유는 다른 사람이 더욱 행복하게 살 수 있게 하기 위함이다.

Lesson 05

是近明啊！快进来吧。
Shì Jìnmíng a! Kuài jìnlai ba.

진밍이구나! 어서 들어오렴.

학습 목표 동작과 관련된 방향 표현하기
동작의 사동 표현하기

학습 내용 방향보어
동량사
겸어문
개사 到
부사 越

➡ 이번 과의 핵심 문장과 새 단어를 미리 학습해 보세요.

단어

05-01

- 进 jìn 동 (밖에서 안으로) 들다, 들어가다, 들어오다
- 跟 gēn 개 ~와(과)
- 商量 shāngliang 동 상의하다, 의논하다
- 趟 tàng 양 차례, 번(왕복한 횟수를 표시)
- 请假 qǐngjià 동 (휴가, 결석, 외출, 조퇴 등의 허락을) 신청하다
- 回国 huí guó 귀국하다
- 订 dìng 동 예약하다, 주문하다
- 飞机票 fēijīpiào 비행기 표
- 上次 shàng cì 지난번, 저번
- 剪纸 jiǎnzhǐ 명 종이를 오려 만드는 종이 공예
- 传统 chuántǒng 명 전통
- 工艺品 gōngyìpǐn 명 공예품
- 父母 fùmǔ 명 부모
- 收到 shōudào 동 받다, 수령하다
- 礼物 lǐwù 명 선물, 예물
- 会 huì 조동 ~할 것이다, ~할 가능성이 있다, ~할 줄 안다
- 的 de 조 문장의 끝에 놓여 화자의 단정적인 어조를 표시함

▶ 교체연습

- 搬 bān 동 이사하다

단어

- 天气 tiānqì 명 날씨, 일기
- 出 chū 동 나오다, 나가다
- 玩儿 wánr 동 놀다, 즐기다
- 爬山 pá shān 산에 오르다, 등산하다
- 经常 jīngcháng 부 항상, 자주, 평소
- 名山 míngshān 명 명산
- 的话 dehuà 조 ~한다면, ~이면
- 越 yuè 부 ~할수록 ~하다
- 叫 jiào 동 ~하게 하다, ~시키다, 요구하다
- 过 guò 동 (한 장소에서 다른 장소로) 가다, 건너다

본문 회화

회화1 ▶ 진밍이 교무실로 이 선생님을 찾아간다. 🎧 05-03

교체연습
① ▶ 回去 huíqu
▶ 过来 guòlai
▶ 搬过来 bān guòlai

이 선생님 (누군가 문을 두드린다) 是哪一位啊?
Shì nǎ yí wèi a?

시진밍 老师！您好！我是习近明。
Lǎoshī! Nín hǎo! Wǒ shì Xí Jìnmíng.

이 선생님 是近明啊！快进来吧。
Shì Jìnmíng a! Kuài jìnlai ba.

시진밍 我有一件事要跟您商量一下。
Wǒ yǒu yí jiàn shì yào gēn nín shāngliang yíxià.

이 선생님 是吗？有什么事？你快点儿说吧。
Shì ma? Yǒu shénme shì? Nǐ kuài diǎnr shuō ba.

시진밍 我家有一件事情，我得回去一趟。
Wǒ jiā yǒu yí jiàn shìqing, wǒ děi huíqu yí tàng.

我想请一个星期的假。
Wǒ xiǎng qǐng yí ge xīngqī de jià.

이 선생님 那你打算什么时候回国，什么时候回来?
Nà nǐ dǎsuan shénme shíhou huí guó, shénme shíhou huílai?

시진밍 我已经订了23号的飞机票，我28号回来①。
Wǒ yǐjing dìngle èrshísān hào de fēijīpiào, wǒ èrshíbā hào huílai.

이 선생님 上次你给我带来了中国的剪纸，我非常喜欢。
Shàng cì nǐ gěi wǒ dàilaile Zhōngguó de jiǎnzhǐ, wǒ fēicháng xǐhuan.

这是韩国的传统工艺品，这次你带回去给你的父母吧!
Zhè shì Hánguó de chuántǒng gōngyìpǐn, zhè cì nǐ dài huíqu gěi nǐ de fùmǔ ba!

시진밍 谢谢！我父母收到您的礼物，一定会很高兴的。
Xièxie! Wǒ fùmǔ shōudào nín de lǐwù, yídìng huì hěn gāoxìng de.

 ▶ 미영이 진밍에게 놀러 가자고 제안한다.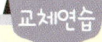

교체연습
① ▶ 睡觉 shuìjiào
▶ 吃饭 chī fàn
▶ 上去 shàngqu

정미영　近明，今天天气挺好，
　　　　Jìnmíng, jīntiān tiānqì tǐng hǎo,

　　　　我们出去玩儿玩儿吧。
　　　　wǒmen chūqu wánrwánr ba.

시진밍　我们到哪儿去玩儿啊？我们看电影去怎么样？
　　　　Wǒmen dào nǎr qù wánr a? Wǒmen kàn diànyǐng qù zěnmeyàng?

정미영　我昨天去看了电影，今天我们去爬山好不好？
　　　　Wǒ zuótiān qù kànle diànyǐng, jīntiān wǒmen qù pá shān hǎo bu hǎo?

　　　　你喜欢爬山吗？
　　　　Nǐ xǐhuan pá shān ma?

시진밍　很喜欢，我经常去爬山。
　　　　Hěn xǐhuan, wǒ jīngcháng qù pá shān.

　　　　我已经爬过很多韩国的名山了。
　　　　Wǒ yǐjing páguo hěn duō Hánguó de míngshān le.

정미영　你喜欢的话，我们今天爬山去吧。
　　　　Nǐ xǐhuan dehuà, wǒmen jīntiān pá shān qù ba.

시진밍　我们两个人去吗？我觉得人越多越好。
　　　　Wǒmen liǎng ge rén qù ma? Wǒ juéde rén yuè duō yuè hǎo.

정미영　那么，你就给你女朋友打电话叫她过来①吧。
　　　　Nàme, nǐ jiù gěi nǐ nǚpéngyou dǎ diànhuà jiào tā guòlai ba.

시진밍　你也叫你朋友过来吧。
　　　　Nǐ yě jiào nǐ péngyou guòlai ba.

정미영　好！我们叫她们过来一起去爬山吧。
　　　　Hǎo! Wǒmen jiào tāmen guòlai yìqǐ qù pá shān ba.

시진밍　你也快点儿打电话吧。
　　　　Nǐ yě kuài diǎnr dǎ diànhuà ba.

05 是近明啊! 快进来吧。　59

본문 정리하기

1. 방향보어

방향보어는 동사 뒤에 위치하여 동작의 방향을 나타내는 보어를 가리킨다.

1) 단순방향보어   동사 + 来/去

예)
- 上来 올라오다   shànglai
- 上去 올라가다   shàngqu
- 走来 걸어오다   zǒulai
- 走去 걸어가다   zǒuqu

동사 + 上, 下, 进, 出, 回, 过, 起, 开

예)
- 走下 걸어 내려오다   zǒuxia
- 搬进 이사 들다   bānjin
- 跑回 뛰어 돌아오(가)다   pǎohui
- 爬上 (기어) 올라가다   páshang

2) 복합방향보어   동사 + 上, 下, 进, 出, 回, 过, 起, 开 + 来/去

예)
- 跑出去 뛰어나가다   pǎo chūqu
- 带回去 가지고 돌아가다   dài huíqu
- 走过来 걸어 (다가)오다   zǒu guòlai
- 搬进来 이사 들어오다   bān jìnlai

3) 목적어가 있는 경우   동사 + 목적어 + 来/去

来/去가 있는 것도 단순이나 복합이나 상관없이 목적어는 来/去 앞에 두고 말한다.

예)
- 带照相机去 카메라를 가지고 가다   dài zhàoxiàngjī qu
- 跑上山去 산으로 뛰어 올라가다   pǎoshàng shān qu

그러나 동작이 이미 완료되었을 경우 장소목적어를 제외한 일반사물목적어는 来/去 앞이나 뒤에 모두 위치할 수 있다.

예)
- 他下来楼了。(×) → 他下楼来了。(○) 그는 내려왔다.
  Tā xià lái lóu le.   Tā xià lóu lái le.

- 他寄了一封信去。 = 他寄去了一封信。 그는 편지를 한 통 부쳤다.
  Ta jìle yì fēng xìn qu.   Tā jìqule yì fēng xìn.

2. 동량사

동량사란 동작의 횟수를 세는 단위로 양사의 한 종류이다. 동량사는 주로 동사 뒤에 쓰여 동작의 양을 보충하는 동량보어로 사용되는데, 자주 사용하는 동량사로는 次, 遍, 趟, 回 등이 있다.

次 cì	동작의 횟수를 세는 양사	예) 去过了两次。 두 번 갔었다. Qùguole liǎng cì.
遍 biàn	처음부터 끝이 있는 동작을 세는 양사	예) 读了一遍。 한 번 읽었다. Dúle yí biàn.
趟 tàng	오가는 횟수를 세는 양사	예) 去了两趟英国。 영국에 두 번 다녀왔다. Qùle liǎng tàng Yīngguó.
回 huí	동작, 행위의 횟수를 세는 양사	예) 去了一回。 한 번 갔었다. Qùle yì huí.

3. 겸어문

술어가 두 개이며, 앞에 위치한 술어의 목적어가 뒤에 위치한 술어의 주어로 사용되는 것이 '겸어'이고, 겸어가 사용된 문장을 '겸어문'이라고 한다. 앞에 위치한 술어는 사역동사 请, 叫, 让, 使, 派, 令, 教, 命令 등이 사용되며 '~하게 하다'라는 의미로 해석한다.

예) 我叫他明天来。 나는 그에게 내일 오라고 했다.　　他请我吃饭。 그는 내게 식사를 청했다.
　　Wǒ jiào tā míngtiān lái.　　　　　　　　　　　Tā qǐng wǒ chī fàn.

4. 개사 到

개사 到는 '到+장소+来/去'의 구조를 이루며 동작의 종점을 표시한다.

예) 他们常常到这儿来玩儿。 그들은 자주 여기로 놀러 온다.
　　Tāmen chángcháng dào zhèr lái wánr.

　　我们到学校去学汉语。 우리는 학교에 가서 중국어를 배운다.
　　Wǒmen dào xuéxiào qù xué Hànyǔ.

5. 부사 越

越는 '越…越…'의 구조를 이루어 '~할수록 ~하다'의 의미를 나타낸다.

예) 我越看越喜欢。 나는 보면 볼수록 마음에 든다.　　礼物越多越好。 선물은 많으면 많을수록 좋다.
　　Wǒ yuè kàn yuè xǐhuan.　　　　　　　　　　　Lǐwù yuè duō yuè hǎo.

회화 확장하기

➡ 질문에 스스로 답해 보고, 바꿔서 말해 보세요.

1 🎧 05-05

A 你什么时候回来?
Nǐ shénme shíhou huílai?

B ▢

▸ 我28号回来。
Wǒ èrshíbā hào huílai.

▸ 我回不去，我家里有事。
Wǒ huí bu qù, wǒ jiāli yǒu shì.

▸ 我周末就回去，回去的时候我给你带礼物。
Wǒ zhōumò jiù huíqu, huíqu de shíhou wǒ gěi nǐ dài lǐwù.

2 🎧 05-06

A 我们到哪儿去玩儿啊?
Wǒmen dào nǎr qù wánr a?

B ▢

▸ 到你家去玩儿，怎么样?
Dào nǐ jiā qù wánr, zěnmeyàng?

▸ 我们到公园去玩儿吧。
Wǒmen dào gōngyuán qù wánr ba.

▸ 我们到海边去玩儿吧。
Wǒmen dào hǎibiān qù wánr ba.

3

🎧 05-07

A 我们看电影去怎么样?
Wǒmen kàn diànyǐng qù zěnmeyàng?

B ▭

▸ 我昨天去看了电影，今天我们去爬山好不好?
Wǒ zuótiān qù kànle diànyǐng, jīntiān wǒmen qù pá shān hǎo bu hǎo?

▸ 我晚上跟我男朋友见面，你给你女朋友打电话吧。
Wǒ wǎnshang gēn wǒ nánpéngyou jiànmiàn, nǐ gěi nǐ nǚpéngyou dǎ diànhuà ba.

▸ 我家有一件事情，我得回去一趟。
Wǒ jiā yǒu yí jiàn shìqing, wǒ děi huíqu yí tàng.

4

🎧 05-08

A 今天我们去爬山好不好?
Jīntiān wǒmen qù pá shān hǎo bu hǎo?

B ▭

▸ 好，我很喜欢爬山。
Hǎo, wǒ hěn xǐhuan pá shān.

▸ 好，我们两个人去吗? 我觉得人越多越好。
Hǎo, wǒmen liǎng ge rén qù ma? Wǒ juéde rén yuè duō yuè hǎo.

▸ 我不喜欢爬山，去看电影怎么样?
Wǒ bù xǐhuan pá shān, qù kàn diànyǐng zěnmeyàng?

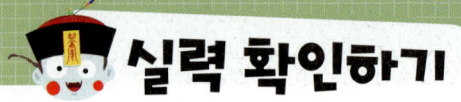

실력 확인하기

🔸 다음 한국어 문장을 보고 중국어로 말해 보세요.

1. 어서 들어오렴.
   어서 나오렴.
   어서 들어가렴.
   어서 나가렴.

2. 우리 어디 가서 놀까?
   우리 카페에 가서 커피 마시자.
   우리 식당에 가서 점심 먹자.
   우리 기숙사에 가서 숙제하자.

3. 나는 어제 영화 보러 갔었어.
   나는 어제 술 마시러 갔었어.
   나는 어제 커피 마시러 왔었어.
   나는 어제 비행기 표를 예약하러 왔었어.

4. 너도 네 친구에게 오라고 해.
   나의 형은 나에게 오후 5시에 그에게 전화하라고 했어.
   선생님께서는 나에게 23일의 비행기 표를 예약하라고 하셨어.
   나의 어머니는 나에게 중국어를 공부하라고 하셔.

朋友是越交越熟的，天天见面，朋友之间就亲密无间了。
Péngyou shì yuè jiāo yuè shú de, tiāntiān jiànmiàn, péngyou zhījiān jiù qīnmì wújiàn le.

친구는 사귈수록 잘 알게 된다. 매일 만나면 친구 사이의 격이 없어진다.

Lesson 06

请你再说一遍吧。
Qǐng nǐ zài shuō yí biàn ba.

다시 한 번 말해 줘.

학습 목표 동작의 결과 표현하기
　　　　　　동작의 수량 표현하기

학습 내용 결과보어
　　　　　　동량보어
　　　　　　동사 + 到
　　　　　　동사 + 给
　　　　　　因为 A 所以 B
　　　　　　조동사 可

 준비하기

🔸 이번 과의 핵심 문장과 새 단어를 미리 학습해 보세요.

 회화1

请你再说一遍吧。
Qǐng nǐ zài shuō yí biàn ba.

좋아! 다시 한 번 말할게. 잘 들어.

你做完作业了吗?

단어 🎧 06-01

- □ 完 wán 동 끝나다, 마치다
- □ 听 tīng 동 듣다, 받아들이다
- □ 清楚 qīngchu 형 분명하다, 명백하다
  동 알다, 이해하다
- □ 再 zài 부 또, 다시, 재차
- □ 遍 biàn 양 번, 차례(처음부터 끝까지의 전 과정의 횟수)

- □ 开心 kāixīn 형 기쁘다, 즐겁다, 유쾌하다
- □ 山顶 shāndǐng 명 산 정상, 산꼭대기
- □ 下次 xià cì 다음 번
- □ 借 jiè 동 빌리다
- □ 以后 yǐhòu 명 이후
- □ 还 huán 동 돌려주다, 갚다, 반납하다

▶ 교체연습

- □ 明白 míngbai 동 이해하다, 알다 형 분명하다, 명확하다
- □ 饱 bǎo 형 배부르다

단어

🎧 06-02

- 懂 dǒng 동 알다, 이해하다
- 大部分 dàbùfen 명 대부분
- 一部分 yíbùfen 명 일부분
- 因为 yīnwèi 개 ~때문에, ~로 인하여
  접 왜냐하면
- 病 bìng 명 병, 질병
- 意思 yìsi 명 의미, 뜻
- 生病 shēngbìng 동 병이 나다, 병에 걸리다

- 所以 suǒyǐ 접 그래서, 그러므로
- 次 cì 양 번, 차례, 회
- 广安里 Guǎng'ānlǐ 고유 광안리
- 西面 Xīmiàn 고유 서면
- 可 kě 조동 ~할 만하다, ~할 수 있다
- 繁华 fánhuá 형 번화하다
- 商业街 shāngyèjiē 명 상가(商街), 쇼핑가

▶ 교체연습

- 口 kǒu 양 입, 모금

본문 회화

회화1 ▶ 동동이 대한에게 숙제를 다 했는지 묻는다. 🎧 06-03

교체연습
① ▶ 听明白 tīng míngbai ▶ 吃饱 chībǎo ▶ 做完 zuòwán

왕동동　你做完作业了吗?
　　　　Nǐ zuòwán zuòyè le ma?

김대한　你的话说得太快了，我没听清楚，
　　　　Nǐ de huà shuō de tài kuài le, wǒ méi tīng qīngchu,
　　　　请你再说一遍吧。
　　　　qǐng nǐ zài shuō yí biàn ba.

왕동동　好! 我再说一遍，你听清楚："你做完作业了吗?"
　　　　Hǎo! Wǒ zài shuō yí biàn, nǐ tīng qīngchu: "Nǐ zuòwán zuòyè le ma?"

김대한　我还没做完。你做好了吗?
　　　　Wǒ hái méi zuòwán. Nǐ zuòhǎo le ma?

왕동동　我已经做好①了。
　　　　Wǒ yǐjing zuòhǎo le.

김대한　听说你们上个周末去爬山了，玩儿得怎么样?
　　　　Tīngshuō nǐmen shàng ge zhōumò qù pá shān le, wánr de zěnmeyàng?

왕동동　我们玩儿得挺开心的。我们还爬到山顶了呢。
　　　　Wǒmen wánr de tǐng kāixīn de. Wǒmen hái pádào shāndǐng le ne.

김대한　我也喜欢爬山，下次我们一起去爬山吧。
　　　　Wǒ yě xǐhuan pá shān, xià cì wǒmen yìqǐ qù pá shān ba.

왕동동　好啊! 上次借给你的书都看完了吗?
　　　　Hǎo a! Shàng cì jiègěi nǐ de shū dōu kànwán le ma?

김대한　还没有呢。这个星期看完了以后还给你吧。
　　　　Hái méiyǒu ne. Zhège xīngqī kànwán le yǐhòu huángěi nǐ ba.

회화2

▶ 동동이 대한에게 휴강 소식을 전달한다. 🎧 06-04

교체연습

① ▶ 看/一次
   kàn/yí cì

▶ 说/一遍
   shuō/yí biàn

▶ 吃/一口
   chī/yì kǒu

왕동동 我的话你都听懂了吗?
Wǒ de huà nǐ dōu tīngdǒng le ma?

김대한 我大部分都听懂了，
Wǒ dàbùfen dōu tīngdǒng le,

但是有一部分没听懂。
dànshì yǒu yíbùfen méi tīngdǒng.

왕동동 好！我再说一遍，你听清楚:
Hǎo! Wǒ zài shuō yí biàn, nǐ tīng qīngchu :

"李老师因为有病不能来学校了。"
"Lǐ lǎoshī yīnwèi yǒu bìng bù néng lái xuéxiào le."

김대한 哦！我听明白了。你的意思是因为李老师生病了,
Ò! Wǒ tīng míngbai le. Nǐ de yìsi shì yīnwèi Lǐ lǎoshī shēngbìng le,

所以今天下午不能上课，是吧？
suǒyǐ jīntiān xiàwǔ bù néng shàngkè, shì ba?

왕동동 你说对了。那今天下午没有课，我们做什么呢？
Nǐ shuōduì le. Nà jīntiān xiàwǔ méiyǒu kè, wǒmen zuò shénme ne?

김대한 你去过广安里吗？
Nǐ qùguo Guǎng'ānlǐ ma?

왕동동 我去过一次广安里。
Wǒ qùguo yí cì Guǎng'ānlǐ.

김대한 那你去过西面吗？
Nà nǐ qùguo Xīmiàn ma?

왕동동 还没去过。那儿有什么可看的吗？
Hái méi qùguo. Nàr yǒu shénme kě kàn de ma?

김대한 是釜山最繁华的商业街，我们可以<u>去一趟</u>①。
Shì Fǔshān zuì fánhuá de shāngyèjiē, Wǒmen kěyǐ qù yí tàng.

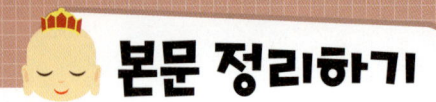

1. 결과보어

결과보어는 동사 뒤에 놓여 동작과 관련된 결과를 표시한다. 동사와 결과보어의 관계는 아래와 같이 세 가지 경우가 있다.

1) 동사와 보어가 원인과 결과의 관계를 갖는 경우에는 인과관계로 번역하면 자연스럽다.

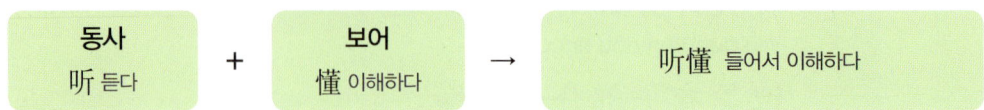

예) 我听懂了老师的话。 나는 선생님의 말씀을 듣고 이해했다.
　　Wǒ tīngdǒngle lǎoshī de huà.

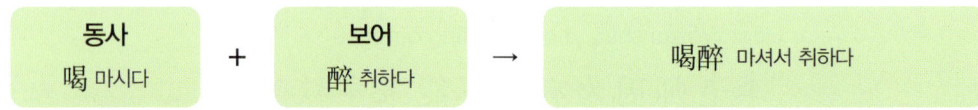

예) 他喝醉了酒。 그는 술을 마셔서 취했다.
　　Tā hēzuìle jiǔ.

2) 보어가 동사의 동작을 묘사하는 경우에는 보어를 부사어로 번역하면 자연스럽다.

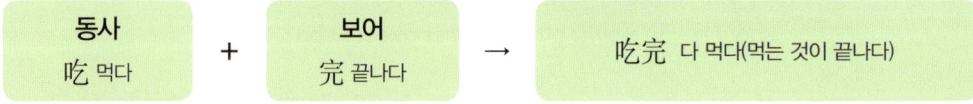

예) 午饭我吃完了。 나는 점심을 다 먹었다.
　　Wǔfàn wǒ chīwán le.

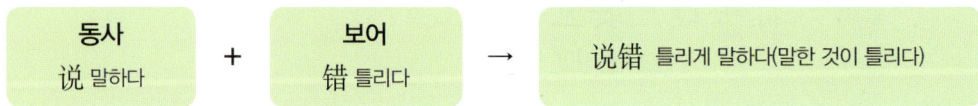

예) 我说错了他的名字。 나는 그의 이름을 잘못 말했다.
　　Wǒ shuōcuòle tā de míngzi.

3) 보어가 동사의 동작 목적을 달성하였음을 표시하는 경우도 있다. 목적이 달성되었음을 표시하는 결과보어는 见, 到, 着 등이 있다.

예) 你看见我的手机了吗? 너는 내 휴대 전화를 보았니?
　　Nǐ kànjiàn wǒ de shǒujī le ma?

　　手机我已经找到了。 나는 휴대 전화를 이미 찾았다.
　　Shǒujī wǒ yǐjing zhǎodào le.

예) 他已经睡着了。 그는 이미 잠들었다.
Tā yǐjing shuìzháo le.

결과보어의 부정은 没有 또는 没로 표현한다.

예) 我没有吃完。 나는 다 먹지 못했다.
Wǒ méiyǒu chīwán.

我没有找到。 나는 찾지 못했다.
Wǒ méiyǒu zhǎodào.

2. 동량보어

동량보어는 동사 뒤에 놓여 동작의 횟수를 나타내는 보어를 말한다. 동량사의 종류는 Lesson 5에서 배웠듯이 次, 遍, 趟, 回, 下 등이 있으며, 목적어가 있을 경우 목적어 위치는 다음과 같다.

1) 목적어가 일반목적어일 경우   주어 + 동사(过/了) + 동량보어 + 목적어(일반목적어)

예) 我喝过一次咖啡。 나는 커피를 한 번 마셔 본 적이 있다.
Wǒ hēguo yí cì kāfēi.

我看了一遍那本书。 나는 그 책을 한 번 봤다.
Wǒ kànle yí biàn nà běn shū.

2) 목적어가 대명사일 경우   주어 + 동사(过/了) + 목적어(인칭대명사) + 동량보어

예) 我见过他一次。 나는 그를 한 번 만난 적이 있다.
Wǒ jiànguo tā yí cì.

我叫了他三次。 나는 그를 세 번 불렀다.
Wǒ jiàole tā sān cì.

3) 목적어가 인명, 지명, 호칭일 경우 위치의 제약이 없다.

예) 我去过上海一趟。   =   我去过一趟上海。
Wǒ qùguo Shànghǎi yí tàng.   Wǒ qùguo yí tàng Shànghǎi.
나는 상하이에 한 번 갔었다.

3. 동사 + 到

'동사+到'의 到는 동작의 도달점을 표시할 수도 있고 동작 목적의 달성을 표시할 수도 있다.

예) 我们爬到山顶了。우리는 산 정상까지 올라갔다.
Wǒmen pádào shāndǐng le.

我今天睡到上午九点了。나는 오늘 오전 9시까지 잤다.
Wǒ jīntiān shuìdào shàngwǔ jiǔ diǎn le.

我借到钱了。나는 돈을 빌렸다.
Wǒ jièdào qián le.

4. 동사 + 给

'동사+给'의 给는 일종의 결과보어로 带, 递, 发, 分, 还, 寄, 交, 教, 借, 卖, 写 등의 동사와 결합한다.

예) 他借给我一些钱。그는 나에게 돈을 좀 빌려주었다.
Tā jiègěi wǒ yìxiē qián.

那本书我已经还给他了。나는 이미 그 책을 그에게 돌려주었다.
Nà běn shū wǒ yǐjing huángěi tā le.

5. 因为 A 所以 B

'因为A, 所以B'는 'A 때문에 B하다'는 의미를 나타낸다.

예) 因为我今天有课，所以不能出去玩儿。나는 오늘 수업이 있어서, 나가서 놀 수 없다.
Yīnwèi wǒ jīntiān yǒu kè, suǒyǐ bù néng chūqu wánr.

因为李老师生病了，所以今天不能上课。이 선생님께서 병이 나셔서 오늘 수업을 못 하신다.
Yīnwèi Lǐ lǎoshī shēngbìng le, suǒyǐ jīntiān bù néng shàngkè.

6. 조동사 可

조동사 可는 '~할 가치가 있다'는 의미를 나타낼 수 있다.

예) 那儿有什么可看的吗? 그곳에 볼만한 것이 있니?
Nàr yǒu shénme kě kàn de ma?

这儿没有什么可玩的。 여기에는 놀 만한 것이 없다.
Zhèr méiyǒu shénme kě wán de.

어휘 더하기 ▶ 중국 10대 명승고적

- 万里长城 Wànlǐ Chángchéng 만리장성
- 桂林山水 Guìlín shānshuǐ 구이린 산수
- 北京故宫 Běijīng gùgōng 베이징 고궁
- 杭州西湖 Hángzhōu xīhú 항저우 서호
- 苏州园林 Sūzhōu yuánlín 쑤저우 원림
- 安徽黄山 Ānhuī huángshān 안후이 황산
- 长江三峡 Chángjiāng Sānxiá 장강삼협
- 台湾日月潭 Táiwān Rìyuètán 타이완 일월담
- 承德避暑山庄 Chéngdé bìshǔ shānzhuāng 청더 피서산장
- 西安兵马俑 Xī'ān bīngmǎyǒng 시안 병마용

회화 확장하기

▶ 질문에 스스로 답해 보고, 바꿔서 말해 보세요.

1 🎧 06-05

A 你做完作业了吗?
　　Nǐ zuòwán zuòyè le ma?

B ▭

▸ 我还没做完。
　Wǒ hái méi zuòwán.

▸ 我已经做好了。
　Wǒ yǐjing zuòhǎo le.

▸ 还没呢，我做完以后告诉你。
　Hái méi ne, wǒ zuòwán yǐhòu gàosu nǐ.

2 🎧 06-06

A 上次借给你的书都看完了吗?
　　Shàng cì jiègěi nǐ de shū dōu kànwán le ma?

B ▭

▸ 还没有呢。这个星期看完了以后还给你吧。
　Hái méiyǒu ne. Zhège xīngqī kànwán le yǐhòu huángěi nǐ ba.

▸ 看完了，明天还给你吧。
　Kànwán le, míngtiān huángěi nǐ ba.

▸ 还没有呢。那本书很难，大部分没看懂。
　Hái méiyǒu ne. Nà běn shū hěn nán, dàbùfen méi kàndǒng.

3 06-07

A 我的话你都听懂了吗?
Wǒ de huà nǐ dōu tīngdǒng le ma?

B

▶ 我大部分都听懂了。
Wǒ dàbùfen dōu tīngdǒng le.

▶ 我没听清楚,请你再说一遍吧。
Wǒ méi tīng qīngchu, qǐng nǐ zài shuō yí biàn ba.

▶ 因为你的话说得太快,所以我有一部分没听懂。
Yīnwèi nǐ de huà shuō de tài kuài, suǒyǐ wǒ yǒu yíbùfen méi tīngdǒng.

4 06-08

A 那儿有什么可看的吗?
Nàr yǒu shénme kě kàn de ma?

B

▶ 是釜山最繁华的商业街,我们可以去一趟。
Shì Fǔshān zuì fánhuá de shāngyèjiē, wǒmen kěyǐ qù yí tàng.

▶ 我也不知道,还没去过。
Wǒ yě bù zhīdao, hái méi qùguo.

▶ 有很多,我们现在就去吧。
Yǒu hěn duō, wǒmen xiànzài jiù qù ba.

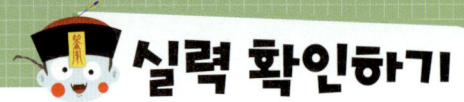 **실력 확인하기**

🔸 다음 한국어 문장을 보고 중국어로 말해 보세요.

1. 너 숙제 다 했어?
   너 밥 다 먹었어?
   이 책을 나는 다 봤다.
   숙제를 나는 다 했다.

2. 나는 알아들었어.
   나는 정확하게 들었어.
   네 말이 맞았어.
   네 말은 틀렸어.

3. 나는 광안리에 한 번 가 본 적이 있다.
   나는 중국에 한 번 가 본 적이 있다.
   나는 쓰촨 요리를 한 번 먹어 본 적이 있다.
   나는 바이주를 한 번 마셔 본 적이 있다.

4. 그곳에 볼만한 것이 있니?
   그곳에 먹을 만한 것이 있니?
   여기에 놀 만한 것이 있니?
   여기에 마실 만한 것이 있니?

活**到**老，学**到**老。
Huódào lǎo, xuédào lǎo.

살아있는 동안은 배움을 계속한다(배움에는 끝이 없다).

복습

Lesson 01 ~ Lesson 06

🔵 한자와 뜻을 참고하여 빈칸에 알맞은 한어병음을 써 보세요.

Lesson 01

- 座　　　　　 양 건물, 가게, 산 등을 세는 단위
- 楼　　　　　 명 건물 양 층
- 后边　　　　 명 뒤, 뒤쪽
- 办公室　　　 명 사무실
- 里　　　　　 명 안쪽, 내부
- 小卖部　　　 명 매점
- 健身房　　　 명 헬스장
- 房间　　　　 명 방
- 不错　　　　 형 좋다, 괜찮다
- 干净　　　　 형 깨끗하다, 청결하다
- 安静　　　　 형 조용하다, 고요하다
- 床　　　　　 명 침대

- 书桌　　　　 명 책상
- 把　　　　　 양 손잡이가 있는 것을 셀 때 쓰는 단위
- 椅子　　　　 명 의자
- 冰箱　　　　 명 냉장고
- 卫生间　　　 명 화장실
- 南边　　　　 명 남쪽
- 羽毛球场　　 명 배드민턴장
- 打　　　　　 동 (공으로 하는 운동을) 하다, 때리다
- 这儿　　　　 대 여기, 이곳

Lesson 02

- 回　　　　　 동 되돌아가다, 되돌아오다
- 了　　　　　 조 동작의 완성 표시, 상태의 변화 표시
- 好久　　　　 형 (시간이) 오래다
- 更　　　　　 부 더욱, 더, 훨씬
- 学期　　　　 명 학기
- 选　　　　　 동 선택하다, 뽑다, 고르다
- 恭喜　　　　 동 축하하다

- 周末　　　　 명 주말
- 挺　　　　　 부 매우, 상당히, 대단히, 아주
- 长　　　　　 형 (기간이) 길다, (시간이) 길다
- 羡慕　　　　 동 부러워하다, 흠모하다
- 考试　　　　 명 시험 동 시험을 치다
- 抽　　　　　 동 (일부를) 빼내다, 뽑아내다, 추출하다
- 聚　　　　　 동 모이다, 회합하다

- 聚会　　　　　동 모이다, 회합하다
　　　　　　　명 모임, 회합
- 随时　　　　　부 수시로, 언제나, 언제든지
- 申请　　　　　동 신청하다
- 学分　　　　　명 학점
- 累　　　　　　형 지치다, 피곤하다
- 参加　　　　　동 참가하다, 참여하다

- 地方　　　　　명 장소, 자리, 곳
- 离　　　　　　개 (거리 표시) ~에서, ~로부터
- 近　　　　　　형 가깝다, 짧다
- 不用　　　　　부 ~할 필요가 없다
- 坐车　　　　　차를 타다

Lesson 03

- 随便　　　　　부 마음대로, 좋을 대로
- 辣　　　　　　형 맵다, 얼얼하다
- 清淡　　　　　형 (음식이) 담백하다
- 过　　　　　　조 ~한 적이 있다
- 四川　　　　　고유 쓰촨(중국 성(省) 이름)
- 老板　　　　　명 상점 주인, 사장, 주인
- 道　　　　　　양 가지(요리를 세는 단위)
- 要　　　　　　동 필요하다, 원하다
- 饮料　　　　　명 음료수
- 白酒　　　　　명 바이주
- 但是　　　　　접 그러나, 그렇지만
- 事情　　　　　명 일, 사건, 사고
- 啤酒　　　　　명 맥주

- 这些　　　　　대 이런 것들, 이들
- 黄　　　　　　형 노랗다
- 件　　　　　　양 벌, 건(옷이나 사건 등을 세는 단위)
- 衣服　　　　　명 옷, 의복
- 新　　　　　　형 새롭다, 새것의
- 百货商场　　　명 백화점
- 买　　　　　　동 사다, 구매하다
- 陪　　　　　　동 모시다, 동반하다, 안내하다
- 从　　　　　　개 ~부터, ~을 기점으로
- 带　　　　　　동 (몸에) 지니다, 휴대하다, 인솔하다
- 不见不散　　　약속한 장소에서 만날 때까지 기다리다

Lesson 04

- 说 　　　　　 동 말하다, 이야기하다
- 得 　　　　　 조 동사와 보어를 이어주는 조사
- 流利 　　　　 형 유창하다, 막힘이 없다
- 多长时间 　　 얼마 동안
- 过奖 　　　　 동 과찬이십니다, 과분한 칭찬입니다
- 高二 　　　　 고등학교 2학년
- 开始 　　　　 동 시작하다, 착수하다
- 已经 　　　　 부 이미, 벌써
- 打算 　　　　 동 ~할 작정이다, 계획하다
- 寒假 　　　　 명 겨울 방학, 겨울 휴가
- 欢迎 　　　　 동 환영하다, 영접하다
- 联系 　　　　 동 연락하다
- 正在 　　　　 부 지금 막 ~하고 있다 (동작의 진행 표시)
- 昨晚 　　　　 명 어제 저녁
- 晚 　　　　　 형 늦다
- 因此 　　　　 접 이 때문에, 그래서
- 困 　　　　　 형 졸리다
- 找 　　　　　 동 찾다, 찾아가다, 방문하다
- 特别 　　　　 형 특별하다
- 拜托 　　　　 동 (삼가) 부탁드립니다, 부탁드리다
- 演讲 　　　　 동 강연하다, 연설하다 / 명 강연, 연설
- 比赛 　　　　 동 경기하다, 시합하다 / 명 경기, 시합
- 纠正 　　　　 동 교정하다, 고치다
- 那么 　　　　 대 그렇게, 저렇게
- 担心 　　　　 동 걱정하다, 염려하다
- 得 　　　　　 조동 ~해야 한다

Lesson 05

- 进 　　　　　 동 (밖에서 안으로) 들다, 들어가다, 들어오다
- 跟 　　　　　 개 ~와(과)
- 商量 　　　　 동 상의하다, 의논하다
- 趟 　　　　　 양 차례, 번(왕복한 횟수를 표시)
- 请假 　　　　 동 (휴가, 결석, 외출, 조퇴 등의 허락을) 신청하다
- 回国 　　　　 귀국하다
- 订 　　　　　 동 예약하다, 주문하다
- 飞机票 　　　 명 비행기 표
- 上次 　　　　 지난번, 저번
- 剪纸 　　　　 명 종이를 오려 만드는 종이 공예
- 传统 　　　　 명 전통
- 工艺品 　　　 명 공예품
- 父母 　　　　 명 부모

- 收到　　　동 받다, 수령하다
- 礼物　　　명 선물, 예물
- 会　　　조동 ~할 것이다, ~할 가능성이 있다, ~할 줄 안다
- 的　　　조 문장의 끝에 놓여 화자의 단정적인 어조를 표시함
- 天气　　　명 날씨, 일기
- 出　　　동 나오다, 나가다
- 玩儿　　　동 놀다, 즐기다

- 爬山　　　산에 오르다, 등산하다
- 经常　　　부 항상, 자주, 평소
- 名山　　　명 명산
- 的话　　　조 ~한다면, ~이면
- 越　　　부 ~할수록 ~하다
- 叫　　　동 ~하게 하다, ~시키다, 요구하다
- 过　　　동 (한 장소에서 다른 장소로) 가다, 건너다

Lesson 06

- 完　　　동 끝나다, 마치다
- 听　　　동 듣다, 받아들이다
- 清楚　　　형 분명하다, 명백하다
  　　　　동 알다, 이해하다
- 再　　　부 또, 다시, 재차
- 遍　　　양 번, 차례(처음부터 끝까지의 전 과정의 횟수)
- 开心　　　형 기쁘다, 즐겁다, 유쾌하다
- 山顶　　　명 산 정상, 산꼭대기
- 下次　　　다음 번
- 借　　　동 빌리다
- 以后　　　명 이후
- 还　　　동 돌려주다, 갚다, 반납하다
- 懂　　　동 알다, 이해하다

- 大部分　　　명 대부분
- 一部分　　　명 일부분
- 因为　　　개 ~ 때문에, ~로 인하여
  　　　　접 왜냐하면
- 病　　　명 병, 질병
- 意思　　　명 의미, 뜻
- 生病　　　동 병이 나다, 병에 걸리다
- 所以　　　접 그래서, 그러므로
- 次　　　양 번, 차례, 회
- 广安里　　　고유 광안리
- 西面　　　고유 서면
- 可　　　조동 ~할 만하다, ~할 수 있다
- 繁华　　　형 번화하다
- 商业街　　　명 상가(商街), 쇼핑가

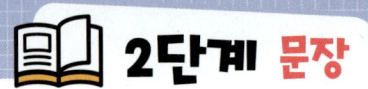

● 문장의 뜻을 참고하여 빈칸에 알맞은 한자를 써 보세요.

Lesson 01

☐ 留学生宿舍在____？ 유학생 기숙사가 어디죠?
☐ 留学生办公室在____楼？ 유학생 사무실은 몇 층에 있나요?
☐ 宿舍里____什么？ 기숙사 안에는 뭐가 있나요?
☐ 又____又安静。 깨끗하기도 하고 조용하기도 해.
☐ 宿舍____有羽毛球场。 기숙사 남쪽에 배드민턴장이 있어.
☐ 明天下课以后你来____吧。 내일 수업 끝나면 내가 있는 곳으로 와.

Lesson 02

☐ 我弟弟是大学生____。 내 남동생은 대학생이 됐어.
☐ 你这个学期选了几____课？ 너는 이번 학기에 몇 과목을 선택했어?
☐ ____什么呀！ 뭘 부러워해!
☐ 我这个学期____了24个学分。 나는 이번 학기에 24학점을 신청했어.
☐ 我们在____聚会呢？ 그럼 우리 어디에서 모일까?
☐ 离____很近。 학교에서 가까워.

Lesson 03

☐ 你喜欢吃辣的____清淡的？ 너는 매운 거 좋아해 아니면 담백한 거 좋아해?
☐ 我也喜欢吃____。 나도 매운 거 좋아해.
☐ 我还没去____四川呢。 나는 아직 쓰촨에 가 보지 못했어.
☐ ____件衣服是你的？ 어느 옷이 네 거야?
☐ 这个周末你能不能____我去？ 이번 주말에 나를 데리고 가 줄 수 있어?
☐ ____中国来的____，我带来的衣服不多，要买几件。 중국에서 올 때 옷을 많이 안 가지고 와서 몇 벌 사려고 해.

82

Lesson 04

- 你说汉语说　　　　非常流利。　　　　너는 중국어를 상당히 유창하게 잘한다.
- 你学汉语学了　　　　了?　　　　중국어를 배운 지 얼마나 됐니?
- 我　　　　今年寒假和我朋友一起去上海。　　　　올해 겨울 방학에 친구랑 같이 상하이에 가 볼 계획이야.
- 我　　　　做作业呢。　　　　나는 지금 숙제하고 있어.
- 早上起床起得很　　　　。　　　　아침에 일찍 일어났어.
- 但是今天你　　　　请客。　　　　대신 오늘 네가 한턱내야 해.

Lesson 05

- 我得回去　　　　。　　　　제가 한 번 다녀와야 해요.
- 什么时候　　　　?　　　　언제 돌아오니?
- 　　　　会很高兴　　　　。　　　　분명히 기뻐하실 거예요.
- 我们　　　　哪儿去玩儿啊?　　　　우리 어디 가서 놀까?
- 我觉得人　　　　多　　　　好。　　　　내 생각에는 사람이 많으면 많을수록 좋을 것 같아.
- 我们叫她们　　　　一起去爬山吧。　　　　우리가 걔네들한테 오라고 해서 같이 등산하러 가자.

Lesson 06

- 我没听　　　　。　　　　정확히 알아듣지 못했어.
- 我们玩儿得　　　　开心　　　　。　　　　우리는 아주 즐겁게 놀았어.
- 这个星期看完了以后还　　　　你吧。　　　　이번 주에 다 보고 나서 너에게 돌려줄게.
- 我去过　　　　广安里。　　　　광안리는 한 번 가 봤어.
- 那儿有什么　　　　看的吗?　　　　그곳에 뭐 볼만한 것이 있니?
- 是釜山最　　　　的商业街。　　　　부산에서 가장 번화한 쇼핑가야.

● 그림과 주어진 문장을 참고하여 대화를 완성해 보세요.

1. 위치 말하기
   A 留学生宿舍在哪儿?
   B _____。(저 건물, 뒤쪽)

2. 상태 표현하기
   A 你的宿舍房间怎么样?
   B _____。(깨끗하다, 조용하다)

3. 약속 정하기
   A 我们抽个时间聚一聚吧。
   B _____? (언제, 모이다)

4. 경험 말하기
   A 你吃过四川菜吗?
   B _____。(긍정)

5. 누구 것인지 말하기
   A 这些都是谁的?
   B _____。
   (노란색은 장 선생님 것, 흰색은 내 친구 것)

6. 기간 말하기

A 你学汉语学了多长时间了?

B _____。(3년째 배우고 있다)

7. 하고 있는 것 말하기

A 你正在做什么呢?

B _____。(숙제하다)

8. 활동 제안하기

A 我们到哪儿去玩儿啊?

B _____ ? (오늘, 등산)

9. 부탁하기1

A _____。

B 好! 我再说一遍,你听清楚:"你做完作业了吗?"

10. 장소에 대해 말하기

A 那儿有什么可看的吗?

B _____。(부산, 가장 번화한 쇼핑가)

◉ 그동안 배운 내용을 종합하여 다음 질문에 대한 답변을 쓰고 말해 보세요.

1. 자신이 소속된 학교의 건물을 소개해 보세요.

2. 좋아하는 중국 요리를 소개해 보세요.

Lesson 07

今天冷死了。
Jīntiān lěngsǐ le.

오늘 무척 춥다.

학습 목표 성질 또는 상태의 정도 표현하기

학습 내용 정도보어(2)
连…都/也…
一边…一边…

> 이번 과의 핵심 문장과 새 단어를 미리 학습해 보세요.

단어 🎧 07-01

- 到 dào 〔동〕 도달하다, 도착하다
- 冷 lěng 〔형〕 춥다, 차다, 시리다
- 死 sǐ 〔형〕 죽도록 ~하다, ~해 죽겠다
- 一直 yìzhí 〔부〕 계속, 줄곧
- 连 lián 〔개〕 ~조차도, ~마저도

- 饿 è 〔형〕 배고프다
- 一边 yìbiān 〔부〕 한편으로는 ~하다
- 聊天 liáotiān 〔동〕 잡담하다, 한담하다
- 办 bàn 〔동〕 (일을) 처리하다, (일을) 하다
- 签证 qiānzhèng 〔명〕 비자, 사증

▶ 교체연습

- 相信 xiāngxìn 〔동〕 믿다

从你家到学校大概要多长时间?
Cóng nǐ jiā dào xuéxiào dàgài yào duōcháng shíjiān?

대략 한 시간 반 정도 걸려.

단어

- 怎么 zěnme 대 어떻게, 왜
- 先 xiān 부 먼저
- 公交车 gōngjiāochē 명 (대중교통) 버스
- 然后 ránhòu 접 그런 후에
- 换 huàn 동 교환하다, 바꾸다, 교체하다
- 地铁 dìtiě 명 지하철
- 路上 lùshang 명 길 위, 길 가는 도중, 도중
- 堵 dǔ 동 막히다, 막다, 틀어막다
- 哪 na 감 감탄사로 앞 글자의 n 운미 뒤에 놓임
- 确实 quèshí 형 확실히, 틀림없이
  형 확실하다, 믿을 만하다
- 附近 fùjìn 명 부근, 근처, 인근
- 小时 xiǎoshí 명 시간(시간 단위)
- 辛苦 xīnkǔ 형 고생스럽다, 수고롭다
- 办法 bànfǎ 명 방법, 수단

본문 회화

회화1 ▶ 진밍과의 약속 시간에 늦은 미영이 헐레벌떡 뛰어온다. 🎧 07-03

정미영　对不起！我来晚了。
　　　　Duìbuqǐ! Wǒ láiwǎn le.

시진밍　没关系！我也刚到。今天冷死了。
　　　　Méi guānxi! Wǒ yě gāng dào. Jīntiān lěngsǐ le.

정미영　对，这几天天气一直冷得很。
　　　　Duì, zhè jǐ tiān tiānqì yìzhí lěng de hěn.

시진밍　今天我太忙了，连午饭都没吃①，饿死了。
　　　　Jīntiān wǒ tài máng le, lián wǔfàn dōu méi chī, èsǐ le.

정미영　这几天我也忙得很，连吃饭的时间也没有。
　　　　Zhè jǐ tiān wǒ yě máng de hěn, lián chī fàn de shíjiān yě méiyǒu.

시진밍　我们快进餐厅去，一边吃饭一边聊天吧。
　　　　Wǒmen kuài jìn cāntīng qu, yìbiān chī fàn yìbiān liáotiān ba.

정미영　好！快进去吧。
　　　　Hǎo! Kuài jìnqu ba.

시진밍　寒假去上海的事你都办好了吗？
　　　　Hánjià qù Shànghǎi de shì nǐ dōu bànhǎo le ma?

정미영　签证都办好了。
　　　　Qiānzhèng dōu bànhǎo le.

시진밍　太好了！
　　　　Tài hǎo le!

교체연습

① ▶ 我/能做
　　 wǒ/néng zuò

▶ 小孩子/知道
　 xiǎoháizi/zhīdao

▶ 你/不相信
　 nǐ/bù xiāngxìn

▶ 진밍이 미영에게 등굣길 교통수단에 대해 묻는다. 🎧 07-04

시진밍 你每天都怎么来学校？
Nǐ měitiān dōu zěnme lái xuéxiào?

정미영 我先坐公交车，然后再换坐地铁。
Wǒ xiān zuò gōngjiāochē, ránhòu zài huàn zuò dìtiě.

시진밍 坐公交车路上堵不堵？
Zuò gōngjiāochē lùshang dǔ bu dǔ?

정미영 堵①得很哪！
Dǔ de hěn na!

시진밍 还是坐地铁比较好吧。
Háishi zuò dìtiě bǐjiào hǎo ba.

정미영 坐地铁确实好，但是我家附近没有地铁。
Zuò dìtiě quèshí hǎo, dànshì wǒ jiā fùjìn méiyǒu dìtiě.

시진밍 从你家到学校大概要多长时间？
Cóng nǐ jiā dào xuéxiào dàgài yào duōcháng shíjiān?

정미영 大概要一个半小时。
Dàgài yào yí ge bàn xiǎoshí.

시진밍 那你每天都太辛苦了！
Nà nǐ měitiān dōu tài xīnkǔ le!

정미영 没办法呀！
Méi bànfǎ ya!

교체연습
① ▶ 漂亮 piàoliang
▶ 高兴 gāoxìng
▶ 可爱 kě'ài

본문 정리하기

1. 정도보어(2)

Lesson 4에서 배운 정도보어(1) 외에도 다음과 같이 정도가 심함을 나타내는 표현이 있다.

1) 술어 + 得 + 很, 多, 不得了, 厉害, 要命, 要死, 可以, 不行, 了不得

   예) 我最近忙得很。 나는 요즘 대단히 바쁘다.
   Wǒ zuìjìn máng de hěn.

   你吃得多，容易胖。 너는 많이 먹으면 쉽게 살찐다.
   Nǐ chī de duō, róngyì pàng.

   今年夏天热得不得了。 올 여름은 매우 덥다.
   Jīnnián xiàtiān rè de bù de liǎo.

   我头疼得要命。 나는 머리가 매우 아프다.
   Wǒ tóuténg de yàomìng.

2) 술어 + 死了, 极了, 坏了, 透了, 多了

   예) 我饿死了。 나는 죽을 정도로 배가 고프다.
   Wǒ èsǐ le.

   这儿的东西贵极了。 이곳의 물건은 매우 비싸다.
   Zhèr de dōngxi guìjí le.

   我吃坏了肚子。 나는 배탈이 났다.
   Wǒ chīhuàile dùzi.

   这次考试糟糕透了。 이번 시험은 완전히 망쳤다.
   Zhè cì kǎoshì zāogāo tòu le.

2. 连…都/也…

'连…都/也…'는 '~조차도 ~하다'라는 의미를 나타낸다.

예) 他**连**北京**都**没去过。 그는 베이징조차도 가 본 적이 없다.
Tā lián Běijīng dōu méi qùguo.

连小孩子**都**知道这件事。 어린 아이조차도 이 일을 안다.
Lián xiǎoháizi dōu zhīdao zhè jiàn shì.

上海我**连**一次**也**没去过。 나는 상하이에 한 번도 가 본 적이 없다.
Shànghǎi wǒ lián yí cì yě méi qùguo.

3. 一边…一边…

'一边…一边…'은 두 동작의 행위가 동시에 이루어지거나 반복적으로 교차해서 이루어지는 경우를 나타낼 때 쓰인다.

예) 他们**一边**走**一边**说。 그들은 걸으면서 이야기한다.
Tāmen yìbiān zǒu yìbiān shuō.

他**一边**吃饭**一边**看书。 그는 식사하면서 책을 본다.
Tā yìbiān chī fàn, yìbiān kàn shū.

어휘 더하기 ▶ 탈것

- □ 汽车 qìchē 자동차
- □ 自行车 zìxíngchē 자전거
- □ 出租车 chūzūchē 택시(=的士 díshì)
- □ 火车 huǒchē 기차
- □ 公共汽车 gōnggòng qìchē 버스(=公交车 gōngjiāochē)
- □ 摩托车 mótuōchē 오토바이
- □ 警车 jǐngchē 경찰차
- □ 救护车 jiùhùchē 구급차
- □ 船 chuán 배
- □ 高铁 gāotiě 고속철도
- □ 飞机 fēijī 비행기
- □ 直升机 zhíshēngjī 헬리콥터

회화 확장하기

🔷 질문에 스스로 답해 보고, 바꿔서 말해 보세요.

1 07-05

A 今天我太忙了，连午饭都没吃。
Jīntiān wǒ tài máng le, lián wǔfàn dōu méi chī.

B _____

▸ 这几天我也忙得很，连吃饭的时间也没有。
Zhè jǐ tiān wǒ yě máng de hěn, lián chī fàn de shíjiān yě méiyǒu.

▸ 我也饿死了，快去吃饭吧。
Wǒ yě èsǐ le, kuài qù chī fàn ba.

▸ 我们快进餐厅去，一边吃饭一边聊天吧。
Wǒmen kuài jìn cāntīng qu, yìbiān chī fàn yìbiān liáotiān ba.

2 07-06

A 寒假去上海的事你都办好了吗？
Hánjià qù Shànghǎi de shì nǐ dōu bànhǎo le ma?

B _____

▸ 签证都办好了。
Qiānzhèng dōu bànhǎo le.

▸ 还没有，还有三个月的时间。
Hái méiyǒu, háiyǒu sān ge yuè de shíjiān.

▸ 还没有办好，最近太忙了，连吃饭的时间也没有。
Hái méiyǒu bànhǎo, zuìjìn tài máng le, lián chī fàn de shíjiān yě méiyǒu.

3 🎧 07-07

A 你每天都怎么来学校?
Nǐ měitiān dōu zěnme lái xuéxiào?

B _____

▸ 我先坐公交车,然后再换坐地铁。
Wǒ xiān zuò gōngjiāochē, ránhòu zài huàn zuò dìtiě.

▸ 我每天坐地铁来学校。
Wǒ měitiān zuò dìtiě lái xuéxiào.

▸ 我坐公交车来学校,因为我家附近没有地铁。
Wǒ zuò gōngjiāochē lái xuéxiào, yīnwèi wǒ jiā fùjìn méiyǒu dìtiě.

4 🎧 07-08

A 从你家到学校大概要多长时间?
Cóng nǐ jiā dào xuéxiào dàgài yào duōcháng shíjiān?

B _____

▸ 大概要一个半小时。
Dàgài yào yí ge bàn xiǎoshí.

▸ 坐车的话,大概要半个小时。
Zuò chē dehuà, dàgài yào bàn ge xiǎoshí.

▸ 很近,坐地铁的话,大概要二十分钟。
Hěn jìn, zuò dìtiě dehuà, dàgài yào èrshí fēnzhōng.

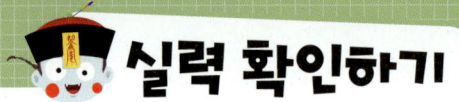

실력 확인하기

→ 다음 한국어 문장을 보고 중국어로 말해 보세요.

1. 오늘 추워 죽겠다.
   오늘 나는 바빠 죽겠다.
   나는 배고파 죽겠다.
   나는 졸려 죽겠다.

2. 오늘 날씨가 매우 춥다.
   요 며칠 나는 매우 바쁘다.
   오늘 차가 매우 막힌다.
   요 며칠 나는 매우 피곤하다.

3. 지하철을 타는 게 아무래도 나을 것 같아.
   버스를 타는 게 아무래도 나을 것 같아.
   비행기를 타는 게 아무래도 나을 것 같아.
   자동차를 타는 게 아무래도 나을 것 같아.

4. 너의 집에서 학교까지 대략 얼마나 걸리니?
   서울에서 베이징까지 대략 얼마나 걸리니?
   여기에서 식당까지 대략 얼마나 걸리니?
   여기에서 너의 집까지 대략 얼마나 걸리니?

先做朋友，后做生意。
Xiān zuò péngyou, hòu zuò shēngyi.

먼저 (그와) 친구가 된 후에 사업을 시작하라.

我是学生，我买不起。
Wǒ shì xuésheng, wǒ mǎi bu qǐ.

저는 학생이라 살 수가 없어요.

학습 목표 동작의 실현 가능성 표현하기
사건의 가정 표현하기

학습 내용 가능보어
如果…就…
A 是 A, 但是…

 준비하기

➡ 이번 과의 핵심 문장과 새 단어를 미리 학습해 보세요.

회화1

이건 30만 원이에요.

太贵了，我是学生，我买不起。
Tài guì le, wǒ shì xuésheng, wǒ mǎi bu qǐ.

단어 🎧 08-01

- 旗袍 qípáo 명 치파오(중국 전통 의상)
- 钱 qián 명 돈, 화폐
- 万 wàn 수 만, 10,000
- 韩币 Hánbì 명 한국 화폐, 한국 돈
- 贵 guì 형 (가격이) 비싸다, 귀중하다, 귀하다
- 买不起 mǎi bu qǐ (너무 비싸서거나 돈이 없어서) 살 수 없다
- 便宜 piányi 형 (가격이) 싸다, 저렴하다
- 这边 zhèbiān 대 이곳, 여기, 이쪽
- 货 huò 명 물품, 상품, 화물
- 颜色 yánsè 명 색, 색깔
- 款式 kuǎnshì 명 스타일, 양식, 격식
- 红色 hóngsè 명 붉은 색, 빨강
- 卖 mài 동 팔다, 판매하다
- 光 guāng 형 하나도 남아 있지 않다, 텅 비다
- 买不到 mǎi bu dào (파는 곳이 없거나 다 팔려서) 살 수 없다
- 如果 rúguǒ 접 만약, 만일
- 为 wèi 개 ~을 위하여 (~을 하다), ~에게 (~을 해 주다)
- 准备 zhǔnbèi 동 준비하다
- 留下 liúxià 동 남기다, 남겨 두다

▶ **교체연습**

- 用 yòng 동 쓰다, 사용하다

사전을 찾아봤니?

我查了好几次，词典里找不到。
Wǒ chále hǎo jǐ cì, cídiǎn li zhǎo bu dào.

단어

- 查 chá 동 조사하다, 검사하다, (뒤져서) 찾아내다
- 词典 cídiǎn 명 사전
- 好 hǎo 부 수량사 앞에서 수량이 많음을 표시
- 繁体字 fántǐzì 명 번체자
- 当然 dāngrán 부 당연히, 물론
- 使用 shǐyòng 동 사용하다, 쓰다
- 简体字 jiǎntǐzì 명 간체자
- 问题 wèntí 명 문제

▶ 교체연습

- 幅 fú 양 폭(종이, 그림을 세는 단위)
- 清楚 qīngchu 형 명확하다, 뚜렷하다

본문 회화

회화1 ▶ 미영이 중국 전통 의상인 치파오를 사러 차이나타운의 한 상점에 방문했다. 🎧 08-03

정미영　老板！这件旗袍多少钱？
　　　　Lǎobǎn! Zhè jiàn qípáo duōshǎo qián?

상점 주인　你要买吗？这件30万韩币。
　　　　　Nǐ yào mǎi ma? Zhè jiàn sānshí wàn Hánbì.

정미영　太贵了，我是学生，我买①不起。
　　　　Tài guì le, Wǒ shì xuésheng, wǒ mǎi bu qǐ.

　　　　有便宜一点儿的吗？
　　　　Yǒu piányi yìdiǎnr de ma?

상점 주인　那你到这边来吧。这边的货比较便宜。
　　　　　Nà nǐ dào zhèbiān lái ba. Zhèbiān de huò bǐjiào piányi.

정미영　这件衣服挺好，颜色和款式都很不错，有红色的吗？
　　　　Zhè jiàn yīfu tǐng hǎo, yánsè hé kuǎnshì dōu hěn búcuò, yǒu hóngsè de ma?

상점 주인　红色的都卖光了。
　　　　　Hóngsè de dōu màiguāng le.

정미영　我喜欢的都卖光了，买不到了。
　　　　Wǒ xǐhuan de dōu màiguāng le, mǎi bu dào le.

상점 주인　如果你一定要买，我就再为你准备一件。
　　　　　Rúguǒ nǐ yídìng yào mǎi, wǒ jiù zài wèi nǐ zhǔnbèi yí jiàn.

　　　　你过几天再来吧。
　　　　Nǐ guò jǐ tiān zài lái ba.

정미영　好啊！我给你留下我的电话号码。
　　　　Hǎo a! Wǒ gěi nǐ liúxià wǒ de diànhuà hàomǎ.

상점 주인　东西到了，我就给你打电话。
　　　　　Dōngxi dào le, wǒ jiù gěi nǐ dǎ diànhuà.

교체연습

① ▶ 吃 chī
　▶ 用 yòng
　▶ 去 qù

 ▶ 중국어 수업 시간에 대한이 선생님께 질문한다. 🎧 08-04

김대한 　老师！这个字我看不懂①。
　　　　Lǎoshī! Zhège zì wǒ kàn bu dǒng.

　　　　这个字是什么意思？
　　　　Zhège zì shì shénme yìsi?

교체연습
① 那幅画/看/清楚 nà fú huà/kàn/qīngchu
▶ 今天的作业/做/完 jīntiān de zuòyè/zuò/wán
▶ 手机/买/到 shǒujī/mǎi/dào

장 선생님 　你查词典了吗？
　　　　Nǐ chá cídiǎn le ma?

김대한 　我查了好几次，词典里找不到。
　　　　Wǒ chále hǎo jǐ cì, cídiǎn li zhǎo bu dào.

장 선생님 　你给我看看，这个字是繁体字，当然词典里查不到。
　　　　Nǐ gěi wǒ kànkan, zhège zì shì fántǐzì, dāngrán cídiǎn li chá bu dào.

김대한 　我听不懂你的意思。繁体字现在不使用吗？
　　　　Wǒ tīng bu dǒng nǐ de yìsi. Fántǐzì xiànzài bù shǐyòng ma?

장 선생님 　使用是使用，但是词典里的字一般都是简体字。
　　　　Shǐyòng shì shǐyòng, dànshì cídiǎn li de zì yìbān dōu shì jiǎntǐzì.

김대한 　是吗？我还有一个问题要问你。
　　　　Shì ma? Wǒ háiyǒu yí ge wèntí yào wèn nǐ.

장 선생님 　是什么问题？你说吧。
　　　　Shì shénme wèntí? Nǐ shuō ba.

김대한 　这本书这个学期学得完学不完？
　　　　Zhè běn shū zhège xuéqī xué de wán xué bu wán?

장 선생님 　学得完。
　　　　Xué de wán.

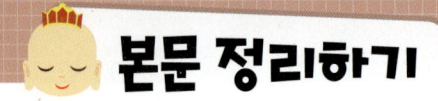

1. 가능보어

가능보어는 동사와 결과보어 혹은 방향보어 사이에 得나 不를 넣어 동작이나 상태의 실현 가능성을 나타내는 보어이다.

1) 동사 + 得/不 + 결과보어(+목적어)

听懂 듣고 이해하다 → 听得懂 듣고 이해할 수 있다
　　　　　　　　　　　听不懂 듣고 이해할 수 없다

예) 你听得懂他的话吗? 너는 그의 말을 듣고 이해할 수 있니?
Nǐ tīng de dǒng tā de huà ma?

你听得懂听不懂他的话? 너는 그의 말을 듣고 이해할 수 있니?
Nǐ tīng de dǒng tīng bu dǒng tā de huà?

我听得懂他的话。 나는 그의 말을 듣고 이해할 수 있어.
Wǒ tīng de dǒng tā de huà.

我听不懂他的话。 나는 그의 말을 듣고 이해할 수 없어.
Wǒ tīng bu dǒng tā de huà.

2) 동사 + 得/不 + 방향보어(+목적어)

回来 돌아오다 → 回得来 돌아올 수 있다
　　　　　　　　　回不来 돌아올 수 없다

예) 你今天回得来吗? 너는 오늘 돌아올 수 있니?
Nǐ jīntiān huí de lái ma?

你今天回得来回不来? 너는 오늘 돌아올 수 있니?
Nǐ jīntiān huí de lái huí bu lái?

我今天回得来。 나는 오늘 돌아올 수 있어.
Wǒ jīntiān huí de lái.

我今天回不来。 나는 오늘 돌아올 수 없어.
Wǒ jīntiān huí bu lái.

2. 如果…就…

'如果…就…'는 가정관계를 나타낸다.

예) **如果**你有什么问题，你**就**给我打电话。 무슨 문제가 있으면 내게 전화를 해라.
Rúguǒ nǐ yǒu shénme wèntí, nǐ jiù gěi wǒ dǎ diànhuà.

如果你喜欢，**就**送给你吧。 네가 좋아하면 네게 줄게.
Rúguǒ nǐ xǐhuan, jiù sònggěi nǐ ba.

如果你不累，**就**可以去。 네가 피곤하지 않으면 가도 된다.
Rúguǒ nǐ bú lèi, jiù kěyǐ qu.

3. A 是 A, 但是…

'A是A, 但是…'는 역접관계를 나타낸다.

예) 这件衣服好**是**好，**但是**太贵了。 이 옷은 좋기는 좋지만 너무 비싸다.
Zhè jiàn yīfu hǎo shì hǎo, dànshì tài guì le.

咖啡喜欢**是**喜欢，**但是**我现在不想喝。 커피를 좋아하긴 하지만 지금은 마시고 싶지 않다.
Kāfēi xǐhuan shì xǐhuan, dànshì wǒ xiànzài bù xiǎng hē.

어휘 더하기 ▶ 브랜드명

- □ 优衣库 Yōuyīkù 유니클로
- □ 谷歌 Gǔgē 구글
- □ 微软 Wēiruǎn 마이크로소프트
- □ 脸谱网 Liǎnpǔwǎng 페이스북(face book)
- □ 微信 Wēixìn 위챗
- □ 麦当劳 Màidāngláo 맥도날드
- □ 肯德基 Kěndéjī KFC
- □ 星巴克 Xīngbākè 스타벅스
- □ 哈根达斯 Hāgēndásī 하겐다즈
- □ 奔驰 Bēnchí 벤츠
- □ 现代 Xiàndài 현대
- □ 宝马 Bǎomǎ BMW

회화 확장하기

◐ 질문에 스스로 답해 보고, 바꿔서 말해 보세요.

1 🎧 08-05

A 这件旗袍多少钱?
Zhè jiàn qípáo duōshǎo qián?

B _____

▸ 你要买吗？这件30万韩币。
Nǐ yào mǎi ma? Zhè jiàn sānshí wàn Hánbì.

▸ 这件旗袍比较便宜。一万五千块。
Zhè jiàn qípáo bǐjiào piányi. Yí wàn wǔ qiān kuài.

▸ 这件旗袍都卖光了。如果你一定要买，我就再为你准备一件。
Zhè jiàn qípáo dōu màiguāng le. Rúguǒ nǐ yídìng yào mǎi, wǒ jiù zài wèi nǐ zhǔnbèi yí jiàn.

2 🎧 08-06

A 有便宜一点儿的吗?
Yǒu piányi yìdiǎnr de ma?

B _____

▸ 那你到这边来吧。这边的货比较便宜。
Nà nǐ dào zhèbiān lái ba. Zhèbiān de huò bǐjiào piányi.

▸ 有，那你到这边来吧。这件衣服挺好。
Yǒu, nà nǐ dào zhèbiān lái ba. Zhè jiàn yīfu tǐng hǎo.

▸ 你买这件吧，颜色和款式都很不错。
Nǐ mǎi zhè jiàn ba, yánsè hé kuǎnshì dōu hěn búcuò.

3 🎧 08-07

A 这个字是什么意思?
　　Zhège zì shì shénme yìsi?

B _____

▸ 这个字我也看不懂。
　Zhège zì wǒ yě kàn bu dǒng.

▸ 我查了好几次，词典里找不到。
　Wǒ chále hǎo jǐ cì, cídiǎn li zhǎo bu dào.

▸ 这个字是繁体字，我也看不懂，词典里的字一般都是简体字。
　Zhège zì shì fántǐzì, wǒ yě kàn bu dǒng, cídiǎn li de zì yìbān dōu shì jiǎntǐzì.

4 🎧 08-08

A 这本书这个学期学得完学不完?
　　Zhè běn shū zhège xuéqī xué de wán xué bu wán?

B _____

▸ 这本书这个学期学得完。
　Zhè běn shū zhège xuéqī xué de wán.

▸ 这本书这个学期学不完。
　Zhè běn shū zhège xuéqī xué bu wán.

▸ 这本书内容不多，这个学期学得完。
　Zhè běn shū nèiróng bù duō, zhège xuéqī xué de wán.

실력 확인하기

⊙ 다음 한국어 문장을 보고 중국어로 말해 보세요.

1. 저는 학생이라 (너무 비싸서) 살 수가 없어요.
   제가 좋아하는 것은 다 팔려서 살 수 없어요.
   이 요리는 너무 비싸서 먹을 수 없어.
   이 부근에는 중국 식당이 없어서 너희는 중국 요리를 먹을 수 없어.

2. 만약 반드시 사실 거라면 제가 당신을 위해 또 한 벌 준비해 둘게요.
   만약 네가 나를 데리고 가 준다면 갈게.
   만약 네가 무슨 문제가 있다면 선생님께 가서 여쭤봐.
   만약 네가 오늘 수업이 없다면 우리 영화 보러 가자.

3. 너는 내 (말의) 의미를 알아들었어?
   저는 당신 (말의) 의미를 못 알아들었어요.
   이 글자를 알아볼 수 있어?
   이 글자를 알아볼 수 있어.

4. 사용하기는 사용하지만 사전의 글자는 보통 다 간체자야.
   이 물건은 좋기는 좋은데 너무 비싸.
   이 옷이 싸기는 싼데 사고 싶지 않아.
   좋아하기는 좋아하는데 살 수가 없어.

金钱买**不到**幸福。
Jīnqián mǎi bu dào xìngfú.

돈으로 행복을 살 수는 없다.

比这儿暖和。

Bǐ zhèr nuǎnhuo.

여기보다 따뜻해.

학습 목표	사물을 비교하는 표현하기 동작 발생의 임박 표현하기
학습 내용	비교문 동작 발생의 임박 표현 一 + 동사 + 就… A 跟 B 一样 + 형용사

◯ 이번 과의 핵심 문장과 새 단어를 미리 학습해 보세요.

단어 🎧 09-01

- 家乡 jiāxiāng 명 고향
- 气候 qìhòu 명 기후, 날씨
- 夏天 xiàtiān 명 여름
- 热 rè 형 덥다, 뜨겁다
- 冬天 dōngtiān 명 겨울
- 春天 chūntiān 명 봄
- 刮风 guā fēng 바람이 불다
- 比 bǐ 개 ~에 비해
- 暖和 nuǎnhuo 형 따뜻하다, 따사롭다
- 秋天 qiūtiān 명 가을
- 下雨 xià yǔ 비가 내리다
- 下雪 xià xuě 눈이 내리다
- 结冰 jié bīng 얼음이 얼다

회화2

오늘 날씨 어때?

今天比昨天冷。
Jīntiān bǐ zuótiān lěng.

단어 09-02

- 天气预报 tiānqì yùbào 명 일기 예보, 기상 예보
- 放 fàng 동 (방학을) 하다, 쉬다
- 表姐 biǎojiě 명 사촌 언니(누나)
- 开玩笑 kāi wánxiào 농담하다, 놀리다
- 个子 gèzi 명 키, 체격
- 苗条 miáotiao 형 (여성의 몸매가) 아름답고 날씬하다, 호리호리하다
- 争 zhēng 동 다투다, 말다툼하다

▶ 교체연습
- 凉快 liángkuai 형 서늘하다, 시원하다
- 善良 shànliáng 형 선량하다, 착하다
- 表哥 biǎogē 명 사촌 형(오빠)

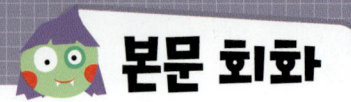

회화1 ▶ 미영이 장 선생님의 고향 날씨에 대해 여쭤본다. 🎧 09-03

정미영
张老师，你家乡的气候怎么样？
Zhāng lǎoshī, nǐ jiāxiāng de qìhòu zěnmeyàng?

장 선생님
我家乡的气候很不错，夏天不热，冬天也不冷。
Wǒ jiāxiāng de qìhòu hěn búcuò, xiàtiān bú rè, dōngtiān yě bù lěng.

정미영
春天怎么样？常常刮风吗？
Chūntiān zěnmeyàng? Chángcháng guā fēng ma?

장 선생님
春天不常刮风，比这儿暖和。
Chūntiān bù cháng guā fēng, bǐ zhèr nuǎnhuo.

정미영
夏天和秋天呢？
Xiàtiān hé qiūtiān ne?

장 선생님
夏天常常下雨，秋天很少下雨，也很少刮风。
Xiàtiān chángcháng xià yǔ, qiūtiān hěn shǎo xià yǔ, yě hěn shǎo guā fēng.

정미영
冬天冷不冷？下雪吗？
Dōngtiān lěng bu lěng? Xià xuě ma?

장 선생님
没有这儿这么冷，也不常下雪。
Méiyǒu zhèr zhème lěng, yě bù cháng xià xuě.

정미영
那冬天结冰吗？
Nà dōngtiān jié bīng ma?

장 선생님
一般不结冰。
Yìbān bù jié bīng.

> 미영과 동동이 겨울 방학 계획에 대해 이야기한다. 🎧 09-04

정미영 今天天气怎么样?
　　　　Jīntiān tiānqì zěnmeyàng?

왕동동 听天气预报说,
　　　　Tīng tiānqì yùbào shuō,
　　　　今天比昨天冷①。
　　　　jīntiān bǐ zuótiān lěng.

정미영 快到冬天了。
　　　　Kuàidào dōngtiān le.
　　　　寒假的时候你回北京吗?
　　　　Hánjià de shíhou nǐ huí Běijīng ma?

왕동동 我打算一放寒假就回国。我表姐就要结婚了。
　　　　Wǒ dǎsuan yí fàng hánjià jiù huí guó. Wǒ biǎojiě jiùyào jiéhūn le.

정미영 你表姐比你大几岁?
　　　　Nǐ biǎojiě bǐ nǐ dà jǐ suì?

왕동동 比我大五岁。她还比我漂亮。
　　　　Bǐ wǒ dà wǔ suì. Tā hái bǐ wǒ piàoliang.

정미영 你也很漂亮，跟我比，漂亮得多。
　　　　Nǐ yě hěn piàoliang, gēn wǒ bǐ, piàoliang de duō.

왕동동 你别开玩笑。我没有你那么漂亮②。
　　　　Nǐ bié kāi wánxiào. Wǒ méiyǒu nǐ nàme piàoliang.

정미영 你呀! 个子比我高，也很苗条。
　　　　Nǐ ya! Gèzi bǐ wǒ gāo, yě hěn miáotiao.

왕동동 好，好，我们别争了。你跟我一样漂亮。行了吧?
　　　　Hǎo, hǎo, wǒmen bié zhēng le. Nǐ gēn wǒ yíyàng piàoliang. Xíng le ba?

교체연습

① ▸ 今年/去年/凉快
　　　jīnnián/qùnián/liángkuai
　▸ 这个星期/上个星期/热
　　　zhège xīngqī/shàng ge xīngqī/rè
　▸ 晚上/下午/更冷
　　　wǎnshang/xiàwǔ/gèng lěng

② ▸ 哥哥/高
　　　gēge/gāo
　▸ 姐姐/善良
　　　jiějie/shànliáng
　▸ 表哥/帅
　　　biǎogē/shuài

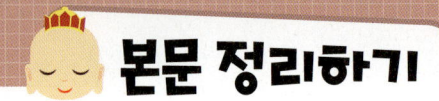

1. 비교문

중국어의 비교문은 아래와 같이 比자문 형식과 有자문 형식이 있다. 比자문에서 비교의 정도를 나타내는 更이나 还는 술어인 형용사나 동사 앞에 놓일 수 있으나 很, 非常, 太 등은 놓일 수 없다.

1) A + 比 + B + 술어 (A는 B보다 ~하다)

   예) 今天比昨天更热。 오늘은 어제보다 더 덥다.
   Jīntiān bǐ zuótiān gèng rè.

   他比我大两岁。 그는 나보다 두 살 더 많다.
   Tā bǐ wǒ dà liǎng suì.

   今天比昨天冷一点儿。 오늘은 어제보다 좀 춥다.
   Jīntiān bǐ zuótiān lěng yìdiǎnr.

2) A + 有 + B + (这么/那么) + 술어 (A는 B만큼 ~하다)

   예) 你弟弟有你这么高吗? 네 동생은 너처럼 이렇게 키가 크니?
   Nǐ dìdi yǒu nǐ zhème gāo ma?

   你朋友有你漂亮吗? 네 친구는 너만큼 예쁘니?
   Nǐ péngyou yǒu nǐ piàoliang ma?

3) A + 没有 + B + (这么/那么) + 술어 (A는 B만큼 ~하지 않다)

   예) 我没有哥哥那么高。 나는 형만큼 그렇게 크지는 않다.
   Wǒ méiyǒu gēge nàme gāo.

   我没有他喜欢中国菜。 나는 그만큼 중국 요리를 좋아하지는 않는다.
   Wǒ méiyǒu tā xǐhuan Zhōngguó cài.

   他的房间没有你的房间这么干净。 그의 방은 너의 방만큼 이렇게 깨끗하지는 않다.
   Tā de fángjiān méiyǒu nǐ de fángjiān zhème gānjìng.

2. 동작 발생의 임박 표현

'快…了, 就要…了, 快要…了, 要…了'는 동작이 곧 발생함을 나타낸다.

예) 快上课了，我们进去吧。 곧 수업하니 우리 들어가자.
    Kuài shàngkè le, wǒmen jìnqu ba.

下个星期就要考试了。 다음 주면 곧 시험이다.
Xià ge xīngqī jiùyào kǎoshì le.

秋天快要到了。 곧 가을이다.
Qiūtiān kuàiyào dào le.

要下雨了。快回家吧。 비가 오려고 한다. 빨리 집으로 돌아가자.
Yào xià yǔ le. Kuài huí jiā ba.

'就要…了' 앞에는 시간명사가 올 수 있으나 '快要…了' 앞에는 시간명사가 올 수 없다.

예) 我明天就要回韩国了。(○)   我明天快要回韩国了。(×)
    Wǒ míngtiān jiùyào huí Hánguó le.   Wǒ míngtiān kuàiyào huí Hánguó le.
    나는 내일 곧 한국으로 돌아간다.

3. 一 + 동사 + 就 …

'一+동사+就…'는 어떤 동작이 진행되자마자 곧 어떤 결과가 발생함을 나타낸다.

예) 今天我一下课就回宿舍。 오늘 나는 수업이 끝나자마자 기숙사로 돌아갔다.
    Jīntiān wǒ yí xiàkè jiù huí sùshè.

他一到星期天就出去玩。 일요일만 되면 그는 놀러 나간다.
Tā yí dào xīngqītiān jiù chūqu wán.

4. A 跟 B 一样 + 형용사

'A跟B一样+형용사'는 'A는 B와 똑같이 ~하다'의 뜻을 나타낸다.

예) 这件衣服跟那件一样好看。 이 옷은 저 옷과 똑같이 예쁘다.
    Zhè jiàn yīfu gēn nà jiàn yíyàng hǎokàn.

上海的天气跟大邱的一样热吗？ 상하이의 날씨는 대구와 똑같이 덥습니까?
Shànghǎi de tiānqì gēn Dàqiū de yíyàng rè ma?

회화 확장하기

🔹 질문에 스스로 답해 보고, 바꿔서 말해 보세요.

1 🎧 09-05

A 你家乡的气候怎么样?
Nǐ jiāxiāng de qìhòu zěnmeyàng?

B

▸ 我家乡的气候很不错，夏天不热，冬天也不冷。
　Wǒ jiāxiāng de qìhòu hěn búcuò, xiàtiān bú rè, dōngtiān yě bù lěng.

▸ 夏天常常下雨，秋天很少下雨，也很少刮风。
　Xiàtiān chángcháng xià yǔ, qiūtiān hěn shǎo xià yǔ, yě hěn shǎo guā fēng.

▸ 没有这儿这么冷，也不常下雪。
　Méiyǒu zhèr zhème lěng, yě bù cháng xià xuě.

2 🎧 09-06

A 你家乡常常刮风吗?
Nǐ jiāxiāng chángcháng guā fēng ma?

B

▸ 春天不常刮风，比这儿暖和。
　Chūntiān bù cháng guā fēng, bǐ zhèr nuǎnhuo.

▸ 我家乡很少刮风。
　Wǒ jiāxiāng hěn shǎo guā fēng.

▸ 秋天常常刮风，但是没有这儿这么冷。
　Qiūtiān chángcháng guā fēng, dànshì méiyǒu zhèr zhème lěng.

3 🎧 09-07

A 今天天气怎么样?
Jīntiān tiānqì zěnmeyàng?

B _____

▸ 听天气预报说，今天比昨天冷。
Tīng tiānqì yùbào shuō, jīntiān bǐ zuótiān lěng.

▸ 正在下雨呢，跟昨天一样冷。
Zhèngzài xià yǔ ne, gēn zuótiān yíyàng lěng.

▸ 今天不刮风，很暖和。
Jīntiān bù guā fēng, hěn nuǎnhuo.

4 🎧 09-08

A 你表姐比你大几岁?
Nǐ biǎojiě bǐ nǐ dà jǐ suì?

B _____

▸ 比我大五岁。她还比我漂亮。
Bǐ wǒ dà wǔ suì. Tā hái bǐ wǒ piàoliang.

▸ 我表姐比我大两岁。今年二十三岁。
Wǒ biǎojie bǐ wǒ dà liǎng suì. Jīnnián èrshísān suì.

▸ 比我大五岁，但是看起来比我年轻。
Bǐ wǒ dà wǔ suì, dànshì kàn qǐlai bǐ wǒ niánqīng.

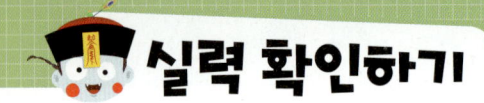 실력 확인하기

🟢 다음 한국어 문장을 보고 중국어로 말해 보세요.

1. 오늘이 어제보다 추워.
   그녀는 나보다 예뻐.
   이 옷이 그 옷보다 저렴해.
   그는 나보다 나이가 많아.

2. 봄에는 바람이 자주 불지 않아.
   가을에는 비가 자주 내리지 않아.
   겨울에는 눈이 자주 내리지 않아.
   그는 중국어를 자주 말하지 않아.

3. 나는 너만큼 그렇게 예쁘지 않아.
   서울은 베이징만큼 그렇게 춥지 않아.
   이곳은 그곳만큼 그렇게 싸지 않아.
   그는 너만큼 이렇게 바쁘지 않아.

4. 너는 나와 똑같이 예뻐.
   내 남동생은 나와 똑같이 커.
   여기는 그곳과 똑같이 비싸.
   상하이는 이곳과 똑같이 더워.

没有比无知的朋友更危险的了。
Méiyǒu bǐ wúzhī de péngyou gèng wēixiǎn de le.

무지한 친구보다 더 위험한 것은 없다.

请你把空调打开吧。
Qǐng nǐ bǎ kōngtiáo dǎkāi ba.

에어컨을 켜 줘.

학습 목표	사람 또는 사물의 처치 표현하기
학습 내용	一点儿 + 也/都
	把자문
	동사 + 掉
	동사 + 在
	반어문

○ 이번 과의 핵심 문장과 새 단어를 미리 학습해 보세요.

请你把空调打开吧。
Qǐng nǐ bǎ kōngtiáo dǎkāi ba.

에어컨을 켜도 소용없어.
하나도 안 따뜻해.

단어 🎧 10-01

- ☐ 期中考试 qīzhōng kǎoshì 중간고사
- ☐ 考 kǎo 동 시험을 보다, 테스트하다
- ☐ 理想 lǐxiǎng 형 이상적이다 명 이상
- ☐ 还可以 hái kěyǐ 그런대로 괜찮다
- ☐ 分 fēn 명 점수
- ☐ 难 nán 형 어렵다, 힘들다
- ☐ 写 xiě 동 글을 쓰다
- ☐ 砸 zá 동 망치다, 실패하다
- ☐ 别 bié 부 ~하지 마라
- ☐ 考分 kǎofēn 명 시험 점수
- ☐ 过去 guòqu 동 지나가다

- ☐ 期末考试 qīmò kǎoshì 기말고사
- ☐ 行 xíng 동 좋다, ~해도 좋다
- ☐ 把 bǎ 개 ~을(를), ~으로
- ☐ 空调 kōngtiáo 명 (냉난방용)에어컨
- ☐ 打开 dǎkāi 동 켜다, 틀다
- ☐ 可能 kěnéng 부 아마도, 아마
- ☐ 暖风 nuǎnfēng 명 따뜻한 바람
- ☐ 坏 huài 형 고장나다, 망가지다
- ☐ 还是 háishi 부 ~하는 편이 (더) 좋다
- ☐ 忘掉 wàngdiào 동 잊어버리다

▶ 교체연습

- ☐ 饼干 bǐnggān 명 과자
- ☐ 啤酒 píjiǔ 명 맥주

단어

- 打通 dǎtōng 동 (전화가) 연결되다
- 手机 shǒujī 명 휴대 전화
- 丢 diū 동 잃다, 잃어버리다, (내)던지다
- 旧 jiù 형 헐다, 오래다, 낡다
- 零用钱 língyòngqián 명 용돈, 잡비
- 花 huā 동 (돈을) 쓰다

▶ 교체연습

- 关 guān 동 끄다
- 掉 diào 동 ~해 버리다
- 弄 nòng 동 하다, 행하다, 만들다

본문 회화

회화1 ▶ 진밍과 미영이 중간고사 성적에 대해 이야기한다. 🎧 10-03

교체연습
① ▶ 钱/花 qián/huā
▶ 饼干/吃 bǐnggān/chī
▶ 啤酒/喝 píjiǔ/hē

시진밍　美英，你期中考试考得怎么样？
　　　　Měiyīng, nǐ qīzhōng kǎoshì kǎo de zěnmeyàng?

정미영　考得不太理想，汉语口语课考得还可以，
　　　　Kǎo de bú tài lǐxiǎng, Hànyǔ kǒuyǔkè kǎo de hái kěyǐ,
　　　　但是写作课考得不好。
　　　　dànshì xiězuòkè kǎo de bù hǎo.

시진밍　写作课考了多少分呢？
　　　　Xiězuòkè kǎole duōshǎo fēn ne?

정미영　写作课太难了，只写了一半，我考砸了，你别问考分了。
　　　　Xiězuòkè tài nán le, zhǐ xiěle yíbàn, wǒ kǎozá le, nǐ bié wèn kǎofēn le.

시진밍　我呢，听写课考得不太好，只考了75分。
　　　　Wǒ ne, tīngxiěkè kǎo de bú tài hǎo, zhǐ kǎole qīshíwǔ fēn.

정미영　我们不要说考试了。
　　　　Wǒmen búyào shuō kǎoshì le.

시진밍　对！对！期中考试已经过去了，期末考试考得好就行了。
　　　　Duì! Duì! Qīzhōng kǎoshì yǐjing guòqu le, qīmò kǎoshì kǎo de hǎo jiù xíng le.

정미영　这里太冷了。请你把空调打开吧。
　　　　Zhèli tài lěng le. Qǐng nǐ bǎ kōngtiáo dǎkāi ba.

시진밍　空调打开也没用，一点儿也不暖和。
　　　　Kōngtiáo dǎkāi yě méi yòng, yìdiǎnr yě bù nuǎnhuo.

정미영　可能暖风坏了，我们还是去咖啡厅吧。
　　　　Kěnéng nuǎnfēng huài le, wǒmen háishi qù kāfēitīng ba.

시진밍　好！快出去吧。把考试都忘①掉！
　　　　Hǎo! Kuài chūqu ba. Bǎ kǎoshì dōu wàngdiào!

> 미영이 진밍에게 어제 전화를 받지 않은 이유를 묻는다. 🎧 10-04

정미영 我昨天给你打了好几次电话，
Wǒ zuótiān gěi nǐ dǎle hǎo jǐ cì diànhuà,
怎么打不通呢？
zěnme dǎ bu tōng ne?

시진밍 你不要说了。我把手机丢①了。
Nǐ búyào shuō le. Wǒ bǎ shǒujī diū le.

정미영 你把手机丢在哪儿了？
Nǐ bǎ shǒujī diūzài nǎr le?

시진밍 回家的时候路上丢的，找不到了。
Huí jiā de shíhou lùshang diū de, zhǎo bu dào le.

정미영 那你得买新的了，旧的不去，新的不来。
Nà nǐ děi mǎi xīn de le, jiù de bú qù, xīn de bù lái.

시진밍 对，一定要买。但是我已经把这个月的零用钱都花光了。
Duì, yídìng yào mǎi. Dànshì wǒ yǐjing bǎ zhège yuè de língyòngqián dōu huāguāng le.

정미영 你先用我的钱买吧，我把钱借给你。
Nǐ xiān yòng wǒ de qián mǎi ba, wǒ bǎ qián jiègěi nǐ.

시진밍 太谢谢你了！今天我请客。
Tài xièxie nǐ le! Jīntiān wǒ qǐngkè.

정미영 你有钱吗？你不是说没有钱吗？
Nǐ yǒu qián ma? Nǐ bú shì shuō méiyǒu qián ma?

시진밍 对！我很想请客，但是我确实没有钱，没办法，
Duì! Wǒ hěn xiǎng qǐngkè, dànshì wǒ quèshí méiyǒu qián, méi bànfǎ,
还是你请吧。
háishi nǐ qǐng ba.

교체연습

① ▸ 关掉
　　guāndiào

　▸ 弄坏
　　nònghuài

　▸ 放在书桌上
　　fàngzài shūzhuō shang

본문 정리하기

1. 一点儿 + 也/都

一点儿은 '一点儿+也/都+不/没+술어'의 형식으로 쓰여 '조금도 ~하지 않다'라는 완전 부정을 나타낸다.

예) 他一点儿也不懂。 그는 조금도 모른다.
Tā yìdiǎnr yě bù dǒng.

今天一点儿都不冷。 오늘은 조금도 춥지 않다.
Jīntiān yìdiǎnr dōu bù lěng.

一点儿也没听到。 조금도 못 들었다.
Yìdiǎnr yě méi tīngdào.

2. 把자문

把자문은 개사 把로 이루어진 문장을 가리킨다. 把자문은 일반적으로 개사 把 뒤의 목적어를 어떻게 처리하였다는 의미를 가질 때 주로 사용된다.

예) 昨天我把书丢了。 나는 어제 책을 잃어버렸다.
Zuótiān wǒ bǎ shū diū le.

他把明天的课准备好了。 그는 내일 수업 준비를 다 했다.
Tā bǎ míngtiān de kè zhǔnbèi hǎo le.

我把那些东西搬到学校去了。 나는 그 물건들을 학교로 옮겼다.
Wǒ bǎ nàxiē dōngxi bāndào xuéxiào qù le.

我把书包忘在教室里了。 나는 책가방을 교실에 두고 왔다.
Wǒ bǎ shūbāo wàngzài jiàoshì li le.

3. 동사 + 掉

掉는 동사 뒤에서 결과보어로 쓰여 '~해 버렸다'라는 뜻을 나타낸다.

예) 我已经把那件衣服卖掉了。 나는 이미 그 옷을 팔아 버렸다.
Wǒ yǐjing bǎ nà jiàn yīfu màidiào le.

那件事我已经忘掉了。 나는 그 일을 이미 잊어버렸다.
Nà jiàn shì wǒ yǐjing wàngdiào le.

4. 동사 + 在

在가 동사 뒤에 놓이면 동작이 이루어진 후에 어떤 사물이 위치한 장소를 나타낸다.

예) 我把手机丢在路上了。 그는 휴대 전화를 길에서 잃어버렸다.
Wǒ bǎ shǒujī diūzài lùshang le.

他把我的名字写在书上了。 그는 내 이름을 책에 썼다.
Tā bǎ wǒ de míngzi xiězài shū shang le.

5. 반어문

부정의 의문형식으로 강하게 긍정하거나, 긍정의 의문형식으로 강하게 부정하는 문장을 가리킨다.

예) 这不是你的手机吗? 이것은 너의 휴대 전화가 아니니?
Zhè bú shì nǐ de shǒujī ma?

这么忙，哪有时间啊? 이렇게 바쁜데 어디 시간이 있겠어?
Zhème máng, nǎ yǒu shíjiān a?

我怎么不认识他? 내가 어떻게 그를 모르겠니?
Wǒ zěnme bú rènshi tā?

어휘 더하기 ▶ 야외 활동

- □ 出游 chūyóu 나들이가다. 놀러 나가다. 여행가다
- □ 露营 lùyíng 캠핑하다, 야영하다(=野营 yěyíng)
- □ 骑电动自行车 qí diàndòng zìxíngchē 전동자전거를 타다
- □ 游泳 yóuyǒng 수영하다
- □ 钓鱼 diàoyú 낚시하다
- □ 登山 dēngshān 등산하다
- □ 滑雪 huáxuě 스키를 타다
- □ 滑滑板 huá huábǎn 보드를 타다

회화 확장하기

▶ 질문에 스스로 답해 보고, 바꿔서 말해 보세요.

1

A 你期中考试考得怎么样?
Nǐ qīzhōng kǎoshì kǎo de zěnmeyàng?

B

▸ 考得不太理想。
Kǎo de bú tài lǐxiǎng.

▸ 汉语口语课考得还可以，但是写作课考得不好。
Hànyǔ kǒuyǔkè kǎo de hái kěyǐ, dànshì xiězuòkè kǎo de bù hǎo.

▸ 我考砸了，我们不要说考试了。
Wǒ kǎozá le, wǒmen búyào shuō kǎoshì le.

2

A 考了多少分呢?
Kǎole duōshǎo fēn ne?

B

▸ 写作课太难了，只写了一半。你别问考分了。
Xiězuòkè tài nán le, zhǐ xiěle yíbàn. Nǐ bié wèn kǎofēn le.

▸ 听写课考得不太好，只考了75分。
Tīngxiěkè kǎo de bú tài hǎo, zhǐ kǎole qīshíwǔ fēn.

▸ 期中考试已经过去了，你别问考分了。
Qīzhōng kǎoshì yǐjing guòqu le, nǐ bié wèn kǎofēn le.

3 🎧 10-07

A 我昨天给你打了好几次电话，怎么打不通呢？
Wǒ zuótiān gěi nǐ dǎle hǎo jǐ cì diànhuà, zěnme dǎ bu tōng ne?

B

▸ 你不要说了。我把手机丢了。
Nǐ búyào shuō le. Wǒ bǎ shǒujī diū le.

▸ 对不起，我忘了，你有什么事儿吗？
Duìbuqǐ, wǒ wàng le, nǐ yǒu shénme shìr ma?

▸ 我昨天换了手机，买新的了。
Wǒ zuótiān huànle shǒujī, mǎi xīn de le.

4 🎧 10-08

A 你把手机丢在哪儿了？
Nǐ bǎ shǒujī diūzài nǎr le?

B

▸ 回家的时候路上丢的，找不到了。
Huí jiā de shíhou lùshang diū de, zhǎo bu dào le.

▸ 我不知道丢在哪儿了。
Wǒ bù zhīdao diūzài nǎr le.

▸ 你不要问了，我有点儿不高兴。
Nǐ búyào wèn le, wǒ yǒudiǎnr bù gāoxìng.

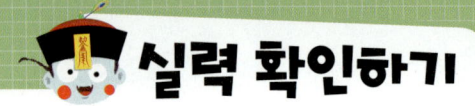 실력 확인하기

○ 다음 한국어 문장을 보고 중국어로 말해 보세요.

1. 에어컨을 켜 줘.
   TV를 켜 줘.
   나는 이미 용돈을 다 써 버렸어.
   그들은 이미 빨간색 옷을 다 팔아 버렸어.

2. 너는 휴대 전화를 어디에서 잃어버렸어?
   나는 휴대 전화를 방에 두고 왔어.
   그가 내 이름을 책에 썼어.
   나는 물건을 길에서 잃어버렸어.

3. 내가 돈을 너에게 빌려줄게.
   내가 책을 너에게 돌려줄게.
   내가 휴대 전화를 너에게 가져다줄게.
   내가 휴대 전화를 너에게 팔게.

4. 너는 돈이 없다고 하지 않았어?
   너는 시험을 못 봤다고 하지 않았어?
   너는 오늘 못 온다고 하지 않았어?
   너는 커피 마시는 걸 안 좋아한다고 하지 않았어?

이번 과에서 배운 단어를 찾아보세요.

朋友可以把快乐加倍、悲伤减半。
Péngyou kěyǐ bǎ kuàilè jiābèi、bēishāng jiǎnbàn.

친구는 즐거움은 배가 되게, 슬픔은 반이 되게 할 수 있다.

Lesson 11

他是在哪儿学的汉语呀?
Tā shì zài nǎr xué de Hànyǔ ya?

그는 어디에서 중국어를 배웠니?

학습 목표	동작자, 시간, 장소 등의 강조 표현하기
학습 내용	是…的 구문 부사 才 不但…而且… 형용사 + 什么

이번 과의 핵심 문장과 새 단어를 미리 학습해 보세요.

他是在中国学的。
Tā shì zài Zhōngguó xué de.

그는 어디에서 중국어를 배웠어?

단어 11-01

- 呆 dāi 동 머무르다, 체류하다
- 才 cái 부 이제야, 비로소, 겨우
- 专业 zhuānyè 명 전공
- 英语 Yīngyǔ 명 영어
- 偶然 ǒurán 부 우연히, 뜻밖에
- 当时 dāngshí 명 당시, 그 때
- 同桌 tóngzhuō 명 짝꿍, 짝
- 同学 tóngxué 명 학우, 동급생
- 不但 búdàn 접 ~뿐만 아니라
- 而且 érqiě 접 게다가, 뿐만 아니라, 또한
- 对 duì 개 ~대하여
- 感 gǎn 동 느끼다, 생각하다, 여기다
- 兴趣 xìngqù 명 흥미, 관심, 취미

▶ 교체연습

- 文化 wénhuà 명 문화
- 历史 lìshǐ 명 역사

회화2

你是在哪儿买的?
Nǐ shì zài nǎr mǎi de?

이거 다 인사동 골동품 거리에서 산 거야.

단어

- 仁寺洞 Rénsìdòng [고유] 인사동
- 古董街 gǔdǒngjiē 골동품 거리
- 久 jiǔ [형] 오래다, 시간이 길다
- 告诉 gàosu [동] 말하다, 알리다
- 住 zhù [동] 살다, 거주하다
- 该 gāi [조동] (마땅히) ~해야 한다, ~하는 것이 당연하다
- 坐 zuò [동] 앉다

▶ 교체연습

- 首 shǒu [양] 노래를 세는 단위

본문 회화

회화1 ▶ 동동이 대한의 친구에 대해 이야기한다. 🎧 11-03

교체연습
① ▸ 坐飞机去 zuò fēijī qù
▸ 昨天来 zuótiān lái
▸ 2000年出生 èr líng líng líng nián chūshēng
② ▸ 中国歌 Zhōngguó gē
▸ 中国的文化 Zhōngguó de wénhuà
▸ 中国的历史 Zhōngguó de lìshǐ

왕동동: 你朋友说汉语说得挺不错的,
Nǐ péngyou shuō Hànyǔ shuō de tǐng búcuò de,
他是在哪儿学的汉语呀?
tā shì zài nǎr xué de Hànyǔ ya?

김대한: 他是<mark>在中国学</mark>①的。
Tā shì zài Zhōngguó xué de.
他去年在中国呆了一年。
Tā qùnián zài Zhōngguó dāile yì nián.

왕동동: 他是你高中的朋友吗?
Tā shì nǐ gāozhōng de péngyou ma?

김대한: 不是,我们是大学一年级的时候才认识的。
Bú shì, wǒmen shì dàxué yì niánjí de shíhou cái rènshi de.

왕동동: 那他的专业也是汉语吗?
Nà tā de zhuānyè yě shì Hànyǔ ma?

김대한: 不是,他的专业是国际贸易。他英语也很不错。
Bú shì, tā de zhuānyè shì guójì màoyì. Tā Yīngyǔ yě hěn búcuò.

왕동동: 那么你们是怎么认识的?
Nàme nǐmen shì zěnme rènshi de?

김대한: 我们是在上汉语课的时候偶然认识的。
Wǒmen shì zài shàng Hànyǔkè de shíhou ǒurán rènshi de.
当时我们是同桌。
Dāngshí wǒmen shì tóngzhuō.

왕동동: 那你们是同学呀!
Nà nǐmen shì tóngxué ya!

김대한: 对。他不但汉语说得好,而且对<mark>中国</mark>②很感兴趣,
Duì. Tā búdàn Hànyǔ shuō de hǎo, érqiě duì Zhōngguó hěn gǎn xìngqù,
所以他有很多中国朋友。
suǒyǐ tā yǒu hěn duō Zhōngguó péngyou.

▶ 동동과 대한이 어제 산 공예품에 대해 이야기한다. 🎧 11-04

교체연습

① ▶ 这件事
　　zhè jiàn shì
▶ 他家
　tā jiā
▶ 这首歌
　zhè shǒu gē

김대한　你这些工艺品都很不错。
　　　　Nǐ zhèxiē gōngyìpǐn dōu hěn búcuò.

왕동동　确实很不错吧。是昨天买的。
　　　　Quèshí hěn búcuò ba. Shì zuótiān mǎi de.

김대한　你是在哪儿买的?
　　　　Nǐ shì zài nǎr mǎi de?

왕동동　这些都是在仁寺洞古董街买的。
　　　　Zhèxiē dōu shì zài Rénsìdòng gǔdǒngjiē mǎi de.

김대한　你来韩国不久，怎么知道<mark>仁寺洞有古董街</mark>①呀！
　　　　Nǐ lái Hánguó bù jiǔ, zěnme zhīdao Rénsìdòng yǒu gǔdǒngjiē ya!

왕동동　是韩国朋友告诉我的。
　　　　Shì Hánguó péngyou gàosu wǒ de.

김대한　那昨天是韩国朋友陪你去的吧?
　　　　Nà zuótiān shì Hánguó péngyou péi nǐ qù de ba?

왕동동　对。他就住在仁寺洞。
　　　　Duì. Tā jiù zhù zài Rénsìdòng.

김대한　我该走了，回去有事要做。
　　　　Wǒ gāi zǒu le, huíqu yǒu shì yào zuò.

왕동동　你多坐一会儿吧，你忙什么呀?
　　　　Nǐ duō zuò yíhuìr ba, nǐ máng shénme ya?

본문 정리하기

1. 是…的 구문

'是…的' 구문은 주로 이미 발생한 사건의 행위자, 시간, 장소, 동작의 방식 등을 강조할 때 사용한다. 강조하는 성분은 是자 바로 뒤에 온다. '是…的' 구문의 내용은 이미 발생한 사건이지만 동사 뒤에 了를 쓰지 않는다.

예) 这是我朋友给我的。 이것은 내 친구가 준 것이다.
Zhè shì wǒ péngyou gěi wǒ de.

我是昨天到的。 나는 어제 도착했다.
Wǒ shì zuótiān dào de.

这是在首尔买的。 이것은 서울에서 산 것이다.
Zhè shì zài Shǒu'ěr mǎi de.

我是从中国来的。 나는 중국에서 왔다.
Wǒ shì cóng Zhōngguó lái de.

我是坐飞机来的。 나는 비행기를 타고 왔다.
Wǒ shì zuò fēijī lái de.

동사 뒤에 목적어가 있는 경우에는 的가 목적어 앞에 올 수도 있고 뒤에 올 수도 있다.

예) 我是九点来的学校。 나는 9시에 학교에 왔다.
Wǒ shì jiǔ diǎn lái de xuéxiào.

我是在韩国学汉语的。 나는 한국에서 중국어를 배웠다.
Wǒ shì zài Hánguó xué Hànyǔ de.

2. 부사 才

부사 才는 일이나 사건이 시간상 늦게 발생함을 표시한다.

예) 我今天九点才起来。 나는 오늘 9시나 되어서야 일어났다.
Wǒ jīntiān jiǔ diǎn cái qǐlai.

他明天才能到。 그는 내일이나 되어야 도착할 수 있다.
Tā míngtiān cái néng dào.

就는 才와는 반대로 일이나 사건이 시간상 일찍 발생했음을 표시한다.

예) 他今天六点就起床了。 그는 오늘 6시에 일어났다.
Tā jīntiān liù diǎn jiù qǐchuáng le.

我十岁就开始学汉语了。 나는 10살 때부터 중국어를 배우기 시작했다.
Wǒ shí suì jiù kāishǐ xué Hànyǔ le.

3. 不但…而且…

'不但…而且…'는 '~뿐만 아니라 또한 ~하다'의 뜻을 나타낸다.

예) 这儿的东西不但很好，而且很便宜。 이곳의 물건은 좋을 뿐만 아니라 저렴하기도 하다.
Zhèr de dōngxi búdàn hěn hǎo, érqiě hěn piányi.

他不但会做韩国菜，而且会做中国菜。 그는 한국 요리를 할 줄 알 뿐만 아니라 중국 요리도 할 줄 안다.
Tā búdàn huì zuò Hánguó cài, érqiě huì zuò Zhōngguó cài.

4. 형용사 + 什么

什么가 형용사나 심리동사 뒤에 쓰이면 동의하지 않거나 반박함을 나타낸다.

예) 你忙什么呀？ 너는 뭐가 그리 바쁘니?
Nǐ máng shénme ya?

你高兴什么呀？ 너는 뭐가 그리 즐겁니?
Nǐ gāoxìng shénme ya?

어휘 더하기 ▶ 중국 전통문화

- □ 京剧 jīngjù 경극
- □ 相声 xiàngsheng 만담, 재담
- □ 书法 shūfǎ 서예
- □ 剪纸 jiǎnzhǐ 종이를 오려 만드는 종이 공예
- □ 太极拳 tàijíquán 태극권
- □ 围棋 wéiqí 바둑
- □ 象棋 xiàngqí 장기
- □ 麻将 májiàng 마작

# 회화 확장하기

◎ 질문에 스스로 답해 보고, 바꿔서 말해 보세요.

1 🎧 11-05

A 他是在哪儿学的汉语呀?
Tā shì zài nǎr xué de Hànyǔ ya?

B _____

▸ 他是在中国学的。他去年在中国呆了一年。
Tā shì zài Zhōngguó xué de. Tā qùnián zài Zhōngguó dāile yì nián.

▸ 他是在韩国学的汉语。
Tā shì zài Hánguó xué de Hànyǔ.

▸ 他是在韩国学的,我们是同学呀!
Tā shì zài Hánguó xué de, wǒmen shì tóngxué ya!

2 🎧 11-06

A 你们是怎么认识的?
Nǐmen shì zěnme rènshi de?

B _____

▸ 我们是在上汉语课的时候偶然认识的。
Wǒmen shì zài shàng Hànyǔkè de shíhou ǒurán rènshi de.

▸ 他是我高中的朋友。
Tā shì wǒ gāozhōng de péngyou.

▸ 她是我朋友的姐姐。
Tā shì wǒ péngyou de jiějie.

3 🎧 11-07

A 你是在哪儿买的?
　　Nǐ shì zài nǎr mǎi de?

B _____

▸ 这些都是在仁寺洞古董街买的。
　Zhèxiē dōu shì zài Rénsìdòng gǔdǒngjiē mǎi de.

▸ 是在中国买的，这些工艺品都很不错。
　Shì zài Zhōngguó mǎi de, zhèxiē gōngyìpǐn dōu hěn búcuò.

▸ 那是在首尔买来的，很不错吧?
　Nà shì zài Shǒu'ěr mǎilai de, hěn búcuò ba?

4 🎧 11-08

A 昨天是韩国朋友陪你去的吧?
　　Zuótiān shì Hánguó péngyou péi nǐ qù de ba?

B _____

▸ 对。他就住在仁寺洞。
　Duì. Tā jiù zhù zài Rénsìdòng.

▸ 是，他陪我去了。
　Shì, tā péi wǒ qù le.

▸ 不是，他家里有事，我一个人去的。
　Bú shì, tā jiāli yǒu shì, wǒ yí ge rén qù de.

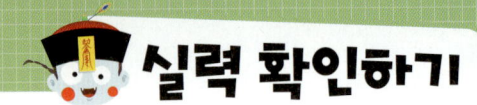 **실력 확인하기**

🟢 다음 한국어 문장을 보고 중국어로 말해 보세요.

1. 그는 어디에서 중국어를 배웠어?
   너는 어디에서 차를 탔어?
   너희는 어디에서 옷을 샀어?
   너희는 어디에서 커피를 마셨어?

2. 그는 중국에서 배웠어.
   우리는 학생 식당에서 먹었어.
   그는 백화점에서 샀어.
   우리는 서울에서 알게 되었어.

3. 한국인 친구가 나에게 알려 준 거야.
   내 친구가 한턱낸 거야.
   어제 오후에 왔어.
   지난주에 산 거야.

4. 너는 어디에 사니?
   나는 부산에 살아.
   나는 상하이에 살아.
   나는 인사동에 살아.

이번 과에서 배운 단어를 찾아보세요.

并不是因为幸福而笑，而是因为笑才幸福。
Bìng bú shì yīnwèi xìngfú ér xiào, érshì yīnwèi xiào cái xìngfú.

행복하기 때문에 웃는 것이 아니라, 웃기 때문에 행복한 것이다.

Lesson 12

你手里拿着什么?
Nǐ shǒuli názhe shénme?

너 손에 들고 있는 게 뭐야?

학습 목표 사람 또는 사물의 존재, 출현, 소실 표현하기

학습 내용 존현문
동태조사 着
刚/刚刚/刚才

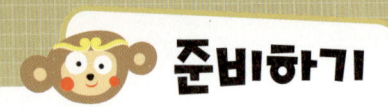

→ 이번 과의 핵심 문장과 새 단어를 미리 학습해 보세요.

단어 🎧 12-01

- ☐ 开 kāi 동 열다, 개최하다
- ☐ 会议 huìyì 명 회의
- ☐ 教室 jiàoshì 명 교실
- ☐ 手里 shǒuli 명 손, 수중
- ☐ 拿 ná 동 (손으로) 잡다, 쥐다, 가지다
- ☐ 着 zhe 조 ~하고 있다, ~하고 있는 중이다
- ☐ 送 sòng 동 선물하다, 주다, 배웅하다, 보내다
- ☐ 书包 shūbāo 명 책가방
- ☐ 真的 zhēnde 부 정말로
- ☐ 信 xìn 동 믿다, 신뢰하다
- ☐ 由 yóu 동 ~에 맡기다, ~에게 달려 있다
- ☐ 小心 xiǎoxīn 동 조심하다, 주의하다
- ☐ 辆 liàng 양 대(차량을 세는 단위)

회화2

新宿舍的条件怎么样?
Xīn sùshè de tiáojiàn zěnmeyàng?

방 안에 침대, 책상, 찬장 등 가구를 갖췄을 뿐만 아니라 TV, 냉장고와 화장실도 있어.

단어 🎧 12-02

- 搬 bān 동 이사하다, (물건을) 옮기다, 운반하다,
- 条件 tiáojiàn 명 조건
- 配备 pèibèi 동 배치하다, 안배하다, 갖추다
- 橱柜 chúguì 명 찬장
- 家具 jiājù 명 가구
- 同屋 tóngwū 명 룸메이트, 동거자
- 合得来 hé de lái 동 마음이 맞다, 잘 어울리다
- 性格 xìnggé 명 성격, 개성

▶ 교체연습

- 酒量 jiǔliàng 명 주량
- 谈得来 tán de lái 말이 서로 통하다
- 说得来 shuō de lái 마음이 서로 맞다
- 聊得来 liáo de lái 말이 잘 통하다

본문 회화

회화1 ▶ 동동과 대한이 사무실 앞에서 이야기한다. 🎧 12-03

왕동동 **办公室**里有**很多人**①，进不去。
Bàngōngshì li yǒu hěn duō rén, jìn bu qù.

교체연습
① ▶ 餐厅/好多人
cāntīng/hǎo duō rén
▶ 学校/很多学生
xuéxiào/hěn duō xuésheng
▶ 教室/很多东西
jiàoshì/hěn duō dōngxi

김대한 今天办公室里开一个会议。
Jīntiān bàngōngshì li kāi yí ge huìyì.
我们去教室吧。
Wǒmen qù jiàoshì ba.

왕동동 教室里也有很多学生，那儿也进不去。
Jiàoshì li yě yǒu hěn duō xuésheng, nàr yě jìn bu qù.

김대한 那我们到咖啡厅去聊天儿吧。
Nà wǒmen dào kāfēitīng qù liáotiānr ba.

왕동동 好的。你手里拿着什么？
Hǎo de. Nǐ shǒuli názhe shénme?

김대한 这是我女朋友送给我的礼物，你不要羡慕我啊。
Zhè shì wǒ nǚpéngyou sònggěi wǒ de lǐwù, nǐ búyào xiànmù wǒ a.

왕동동 羡慕什么呀！我的书包里也有我男朋友送给我的礼物。
Xiànmù shénme ya! Wǒ de shūbāo li yě yǒu wǒ nánpéngyou sònggěi wǒ de lǐwù.

김대한 是真的吗？我不信。
Shì zhēnde ma? Wǒ bú xìn.

왕동동 信不信由你。你小心点儿，前边来了一辆汽车。
Xìn bu xìn yóu nǐ. Nǐ xiǎoxīn diǎnr, qiánbian láile yí liàng qìchē.

김대한 谢谢！我信！我信！
Xièxie! Wǒ xìn! Wǒ xìn!

회화2 ▶ 대한이 동동의 새 기숙사에 대해 묻는다. 🎧 12-04

김대한　听说你搬到新宿舍了。
　　　　Tīngshuō nǐ bāndào xīn sùshè le.

왕동동　是的。
　　　　Shì de.

김대한　新宿舍的条件怎么样?
　　　　Xīn sùshè de tiáojiàn zěnmeyàng?

왕동동　挺好的。
　　　　Tǐng hǎo de.
　　　　房间里不但配备了床、
　　　　Fángjiān li búdàn pèibèile chuáng、
　　　　书桌、橱柜等家具，
　　　　shūzhuō、chúguì děng jiājù,
　　　　而且还有电视、冰箱和卫生间①。
　　　　érqiě háiyǒu diànshì、bīngxiāng hé wèishēngjiān.

김대한　你一个人住吗?
　　　　Nǐ yí ge rén zhù ma?

왕동동　两个人一起住，我的房间昨天刚搬进来了一个学生。
　　　　Liǎng ge rén yìqǐ zhù, wǒ de fángjiān zuótiān gāng bān jìnlaile yí ge xuésheng.

김대한　你的同屋也是中国人吗?
　　　　Nǐ de tóngwū yě shì Zhōngguórén ma?

왕동동　不是。他是从日本来的。
　　　　Bú shì. Tā shì cóng Rìběn lái de.

김대한　你们两个人合得来②吗?
　　　　Nǐmen liǎng ge rén hé de lái ma?

왕동동　我们刚认识，我还不知道她的性格。
　　　　Wǒmen gāng rènshi, wǒ hái bù zhīdao tā de xìnggé.

교체연습

① ▶ 他/知道你的名字/知道你家在哪里
　　 tā/zhīdao nǐ de míngzi/zhīdao nǐ jiā zài nǎli
　▶ 你/唱中国歌唱得好/唱韩国歌也唱得好
　　 nǐ/chàng Zhōngguó gē chàng de hǎo/chàng Hánguó gē yě chàng de hǎo
　▶ 我/喜欢喝酒/酒量也挺大
　　 wǒ/xǐhuan hē jiǔ/jiǔliàng yě tǐng dà

② ▶ 谈得来
　　 tán de lái
　▶ 说得来
　　 shuō de lái
　▶ 聊得来
　　 liáo de lái

12 你手里拿着什么? 141

1. 존현문

존현문은 어떤 장소(시간)에 어떤 사람이나 사물이 존재하거나 출현 혹은 사라짐을 나타내는 문장이다. 동사 有로 존재를 나타내는 구문은 Lesson 1에서 이미 배웠다. 이러한 문장은 장소(시간)가 주체가 되어 문장의 맨 앞에 오고 존재물 혹은 출현하거나 사라지는 사물은 문장의 맨 뒤에 위치한다. 동사 뒤에 위치하는 목적어(존재물, 출현물, 소실물)는 특정한 대상은 출현할 수 없고 불특정한 대상이어야 한다. 이 때문에 비한정적인 수량사나 기타 관형어를 동반한다.

예) 家里来了那个人。(×) → 家里来了一个人。(○) 집에 한 사람이 왔다.
Jiāli láile nà ge rén. Jiāli láile yí ge rén.

昨天来了我朋友。(×) → 昨天来了一个外国人。(○) 어제 한 외국인이 왔다.
Zuótiān láile wǒ péngyou. Zuótiān láile yí ge wàiguórén.

1) 장소 + 有 + 존재물

예) 教室里有几个学生。 办公室里有一位老师。
Jiàoshì li yǒu jǐ ge xuésheng. Bàngōngshì li yǒu yí wèi lǎoshī.
교실에 학생 몇 명이 있다. 사무실에 선생님 한 분이 계신다.

2) 장소 + 동사 + 着 + 존재물

예) 教室里坐着几个学生。 书桌上放着一本书。
Jiàoshì li zuòzhe jǐ ge xuésheng. Shūzhuō shang fàngzhe yì běn shū.
교실에 학생 몇 명이 앉아 있다. 책상에 책 한 권이 놓여 있다.

3) 장소 + 동사 + 출현물/소실물

예) 前边来了一位老师。 我们班走了一个学生。
Qiánbian láile yí wèi lǎoshī. Wǒmen bān zǒule yí ge xuésheng.
앞에서 선생님 한 분이 오셨다. 우리 반에서 학생 한 명이 떠났다.

2. 동태조사 着

着는 동사 뒤에 놓여 동작의 지속과 상태의 지속을 표시한다.

예) 他正在等着你呢。 그는 너를 기다리고 있다. 他坐着看书。 그는 앉아서 책을 보고 있다.
Tā zhèngzài děngzhe nǐ ne. Tā zuòzhe kàn shū.

3. 刚/刚刚/刚才

위의 세 단어는 의미가 거의 비슷하다. 그러나 刚과 刚刚은 부사로 주어와 동사 사이에만 위치한다. 刚才는 명사로 주어 앞뒤에 위치할 수 있으나 시간을 나타내는 말과는 같이 쓰일 수 없다. 刚은 뒤에 부정사가 올 수 없으며, 문장의 맨 끝에는 了를 쓸 수 없다.

예) 我刚来一会儿。 나는 지금 막 왔다.
　　Wǒ gāng lái yíhuìr.
　　*시간을 나타내는 말인 一会儿이 있으므로 刚才는 쓸 수 없다.

　　他把刚才的事儿忘了。 그는 방금 전의 일을 잊었다.
　　Tā bǎ gāngcái de shìr wàng le.
　　*문장의 맨 끝에 了가 쓰였으므로 刚은 쓸 수 없다.

　　你为什么刚才不说，现在才说? 너는 왜 아까 말하지 않고 지금에서야 말하는 거야?
　　Nǐ wèishénme gāngcái bù shuō, xiànzài cái shuō?
　　*刚才 뒤에 부정사가 쓰였으므로 刚은 쓸 수 없다.

어휘 더하기 ▶ 중국의 8대 요리

- 鲁菜 Lǔcài 명 산둥(山东) 요리
- 川菜 Chuāncài 명 쓰촨(四川) 요리
- 粤菜 Yuècài 명 광둥(广东) 요리
- 苏菜 Sūcài 명 장쑤(江苏) 요리
- 闽菜 Mǐncài 명 푸젠(福建) 요리
- 浙菜 Zhècài 명 저장(浙江) 요리
- 湘菜 Xiāngcài 명 후난(湖南) 요리
- 徽菜 Huīcài 명 안후이(安徽) 요리

회화 확장하기

▶ 질문에 스스로 답해 보고, 바꿔서 말해 보세요.

1 🎧 12-05

A 你手里拿着什么?
　Nǐ shǒuli názhe shénme?

B _____

▸ 这是我男朋友送给我的礼物。
　Zhè shì wǒ nánpéngyou sònggěi wǒ de lǐwù.

▸ 这是我送给妈妈的礼物，刚买来的。
　Zhè shì wǒ sònggěi māma de lǐwù, gāng mǎilai de.

▸ 我拿着咖啡，不能进去吗?
　Wǒ názhe kāfēi, bù néng jìnqu ma?

2 🎧 12-06

A 新宿舍的条件怎么样?
　Xīn sùshè de tiáojiàn zěnmeyàng?

B _____

▸ 挺好的。房间里不但配备了床、书桌、橱柜等家具，而且还有电视、冰箱和卫生间。
　Tǐng hǎo de. Fángjiān li búdàn pèibèile chuáng、shūzhuō、chúguì děng jiājù, érqiě háiyǒu diànshì、bīngxiāng hé wèishēngjiān.

▸ 条件不好，房间里没有卫生间。
　Tiáojiàn bù hǎo, fángjiān li méiyǒu wèishēngjiān.

▸ 条件非常好，我一个人住，又干净又安静。
　Tiáojiàn fēicháng hǎo, wǒ yí ge rén zhù, yòu gānjìng yòu ānjìng.

3 🎧 12-07

A 你一个人住吗?
Nǐ yí ge rén zhù ma?

B

▸ 两个人一起住。
Liǎng ge rén yìqǐ zhù.

▸ 昨天刚搬进来了一个学生。
Zuótiān gāng bān jìnlaile yí ge xuésheng.

▸ 三个人一起住,我们合得来。
Sān ge rén yìqǐ zhù, wǒmen hé de lái.

4 🎧 12-08

A 你们两个人合得来吗?
Nǐmen liǎng ge rén hé de lái ma?

B

▸ 我们刚认识,我还不知道她的性格。
Wǒmen gāng rènshi, wǒ hái bù zhīdao tā de xìnggé.

▸ 我们合得来,他对汉语很感兴趣。
Wǒmen hé de lái, tā duì Hànyǔ hěn gǎn xìngqù.

▸ 我们两个人合不来,他不喜欢听中国歌。
Wǒmen liǎng ge rén hé bu lái, tā bù xǐhuan tīng Zhōngguó gē.

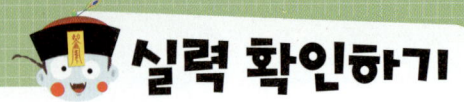 실력 확인하기

◎ 다음 한국어 문장을 보고 중국어로 말해 보세요.

1. 사무실에 사람이 많아.
   교실에 학생 몇 명이 있어.
   방 안에 사람이 한 명 있어.
   카페에 사람이 몇 명 있어.

2. 앞에 차 한 대가 온다.
   앞에 한 사람이 걸어온다.
   교실로 한 학생이 들어왔다.
   우리 기숙사에 한 명의 학생이 이사를 왔다.

3. 그의 손에 들고 있는 것은 뭐야?
   그는 손에 책 한 권을 들고 있다.
   사무실에서 무슨 회의를 하고 있어?
   사무실에서 중요한 회의를 하고 있어.

4. 방 안에는 침대와 책상이 있을 뿐만 아니라 냉장고와 화장실도 있다.
   그는 영어를 할 수 있을 뿐만 아니라 중국어도 할 수 있다.
   나만 중국어를 할 수 있는 것이 아니라 내 남동생도 중국어를 할 수 있다.
   나만 중국 요리 먹는 것을 좋아하는 것이 아니라 내 남동생도 중국 요리 먹는 것을 좋아한다.

马的好坏骑着看，人的好坏等着瞧。
Mǎ de hǎohuài qízhe kàn, rén de hǎohuài děngzhe qiáo.

말의 장단점은 타 보아야 알고, 사람의 장단점은 지켜봐야 안다
(길고 짧은 것은 대어봐야 안다).

복습
Lesson 07 ~ Lesson 12

◉ 한자와 뜻을 참고하여 빈칸에 알맞은 한어병음을 써 보세요.

Lesson 07

- ☐ 到 _____ 동 도달하다, 도착하다
- ☐ 冷 _____ 형 춥다, 차다, 시리다
- ☐ 死 _____ 형 죽도록 ~하다, ~해 죽겠다
- ☐ 一直 _____ 부 계속, 줄곧
- ☐ 连 _____ 개 ~조차도, ~마저도
- ☐ 饿 _____ 형 배고프다
- ☐ 一边 _____ 부 한편으로는 ~하다
- ☐ 聊天 _____ 동 잡담하다, 한담하다
- ☐ 办 _____ 동 (일을) 처리하다, (일을) 하다
- ☐ 签证 _____ 명 비자, 사증
- ☐ 怎么 _____ 대 어떻게, 왜
- ☐ 先 _____ 부 먼저
- ☐ 公交车 _____ 명 (대중교통) 버스

- ☐ 然后 _____ 접 그런 후에
- ☐ 换 _____ 동 교환하다, 바꾸다, 교체하다
- ☐ 地铁 _____ 명 지하철
- ☐ 路上 _____ 명 길 위, 길 가는 도중, 도중
- ☐ 堵 _____ 동 막히다, 막다, 틀어막다
- ☐ 哪 _____ 감 감탄사로 앞 글자의 n 운미 뒤에 놓임
- ☐ 确实 _____ 부 확실히, 틀림없이 형 확실하다, 믿을 만하다
- ☐ 附近 _____ 명 부근, 근처, 인근
- ☐ 小时 _____ 명 시간(시간 단위)
- ☐ 辛苦 _____ 형 고생스럽다, 수고롭다
- ☐ 办法 _____ 명 방법, 수단

Lesson 08

- ☐ 旗袍 _____ 명 치파오(중국 전통 의상)
- ☐ 钱 _____ 명 돈, 화폐
- ☐ 万 _____ 수 만, 10,000
- ☐ 韩币 _____ 명 한국 화폐, 한국 돈
- ☐ 贵 _____ 형 (가격이) 비싸다, 귀중하다, 귀하다

- ☐ 买不起 _____ (너무 비싸서거나 돈이 없어서) 살 수 없다
- ☐ 便宜 _____ 형 (가격이) 싸다
- ☐ 这边 _____ 대 이곳, 여기, 이쪽
- ☐ 货 _____ 명 물품, 상품, 화물
- ☐ 颜色 _____ 명 색, 색깔

- 款式 ㊅ 스타일, 양식, 격식
- 红色 ㊅ 붉은 색, 빨강
- 卖 ㊅ 팔다, 판매하다
- 光 ㊅ 하나도 남아 있지 않다, 텅 비다
- 买不到 (파는 곳이 없거나 다 팔려서) 살 수 없다
- 如果 ㊅ 만약, 만일
- 为 ㊅ ~을 위하여 (~을 하다), ~에게 (~을 해 주다)
- 准备 ㊅ 준비하다
- 留下 ㊅ 남기다, 남겨 두다
- 查 ㊅ 조사하다, 검사하다, (뒤져서) 찾아내다
- 词典 ㊅ 사전
- 好 ㊅ 수량사 앞에서 수량이 많음을 표시
- 繁体字 ㊅ 번체자
- 当然 ㊅ 당연히, 물론
- 使用 ㊅ 사용하다, 쓰다
- 简体字 ㊅ 간체자
- 问题 ㊅ 문제

Lesson 09

- 家乡 ㊅ 고향
- 气候 ㊅ 기후
- 夏天 ㊅ 여름
- 热 ㊅ 덥다, 뜨겁다
- 冬天 ㊅ 겨울
- 春天 ㊅ 봄
- 刮风 바람이 불다
- 比 ㊅ ~에 비해
- 暖和 ㊅ 따뜻하다, 따사롭다
- 秋天 ㊅ 가을
- 下雨 비가 내리다
- 下雪 눈이 내리다
- 结冰 얼음이 얼다
- 天气预报 ㊅ 일기 예보, 기상 예보
- 放 ㊅ (방학을) 하다, 쉬다
- 表姐 ㊅ 사촌 언니(누나)
- 开玩笑 농담하다, 놀리다
- 个子 ㊅ 키, 체격
- 苗条 ㊅ (여성의 몸매가) 아름답고 날씬하다, 호리호리하다
- 争 ㊅ 다투다, 말다툼하다

Lesson 10

- 期中考试   중간고사
- 考   동 시험을 보다, 테스트하다
- 理想   형 이상적이다 명 이상
- 还可以   그런대로 괜찮다
- 分   명 점수
- 难   형 어렵다, 힘들다
- 写   동 글을 쓰다
- 砸   동 망치다, 실패하다
- 别   부 ~하지 마라
- 考分   명 시험 점수
- 过去   동 지나가다
- 期末考试   기말고사
- 行   동 좋다, ~해도 좋다
- 把   개 ~을(를), ~으로
- 空调   명 (냉난방용)에어컨
- 打开   동 켜다, 틀다
- 可能   부 아마도, 아마
- 暖风   명 따뜻한 바람
- 坏   형 고장나다, 망가지다
- 还是   부 ~하는 편이 (더) 좋다
- 忘掉   동 잊어버리다
- 打通   동 (전화가) 연결되다
- 手机   명 휴대 전화
- 丢   동 잃다, 잃어버리다, (내)던지다
- 旧   형 헐다, 오래다, 낡다
- 零用钱   명 용돈, 잡비
- 花   동 (돈을) 쓰다

Lesson 11

- 呆   동 머무르다, 체류하다
- 才   부 이제야, 비로소, 겨우
- 专业   명 전공
- 英语   명 영어
- 偶然   부 우연히, 뜻밖에
- 当时   명 당시, 그 때
- 同桌   명 짝꿍, 짝
- 同学   명 학우, 동급생
- 不但   접 ~뿐만 아니라
- 而且   접 게다가, 뿐만 아니라, 또한
- 对   개 ~대하여
- 感   동 느끼다, 생각하다, 여기다
- 兴趣   명 흥미, 관심, 취미
- 仁寺洞   고유 인사동
- 古董街   골동품 거리
- 久   형 오래다, 시간이 길다

- 告诉　　　　　图 말하다, 알리다
- 住　　　　　图 살다, 거주하다
- 该　　　　　조동 (마땅히) ~해야 한다, ~하는 것이 당연하다
- 坐　　　　　图 앉다

Lesson 12

- 开　　　　　图 열다, 개최하다
- 会议　　　　명 회의
- 教室　　　　명 교실
- 手里　　　　명 손, 수중
- 拿　　　　　图 (손으로) 잡다, 쥐다, 가지다
- 着　　　　　조 ~하고 있다, ~하고 있는 중이다
- 送　　　　　图 선물하다, 주다, 배웅하다, 보내다
- 书包　　　　명 책가방
- 真的　　　　부 정말로
- 信　　　　　图 믿다, 신뢰하다
- 由　　　　　图 ~에 맡기다, ~에게 달려 있다
- 小心　　　　图 조심하다, 주의하다
- 辆　　　　　양 대(차량을 세는 단위)
- 搬　　　　　图 이사하다, (물건을) 옮기다, 운반하다
- 条件　　　　명 조건
- 配备　　　　图 배치하다, 안배하다, 갖추다
- 橱柜　　　　명 찬장
- 家具　　　　명 가구
- 同屋　　　　명 룸메이트, 동거자
- 合得来　　　图 마음이 맞다, 잘 어울리다
- 性格　　　　명 성격, 개성

2단계 문장

📘 문장의 뜻을 참고하여 빈칸에 알맞은 한자를 써 보세요.

Lesson 07

- 今天冷_____。 오늘 무척 춥다.
- 这几天天气一直_____。 요 며칠 날씨가 줄곧 매우 추웠어.
- _____午饭_____没吃。 점심밥도 못 먹었어.
- 你每天都_____来学校? 너는 매일 어떻게 학교에 오니?
- _____坐地铁比较好吧。 지하철을 타는 게 아무래도 나을 것 같아.
- 大概要一个半_____。 대략 한 시간 반 정도 걸려.

Lesson 08

- 这件旗袍_____? 이 치파오는 얼마인가요?
- 我是学生, 我_____。 저는 학생이라 살 수가 없어요.
- _____你一定要买, 我就再为你准备一件。 만약 반드시 사실 거라면, 제가 당신을 위해 또 한 벌 준비해 둘게요.
- 老师! 这个字我_____。 선생님! 이 글자를 모르겠어요.
- 当然词典里_____。 당연히 사전에서 찾을 수 없지.
- 这本书这个学期_____学不完? 이 책을 이번 학기에 다 배울 수 있나요, 없나요?

Lesson 09

- 夏天不_____, 冬天也不冷。 여름은 덥지 않고, 겨울은 춥지 않아.
- _____这儿暖和。 여기보다 따뜻해.
- _____这儿这么冷。 여기처럼 춥지 않아.
- 也_____下雪。 눈도 자주 오지 않아.
- 你表姐比你_____几岁? 네 사촌 언니는 너보다 몇 살 많아?
- 比我_____。 나보다 다섯 살 많아.

152

Lesson 10

- 我 _____ 了。   시험 망쳤어.
- 期末考试考得好 _____。   기말고사 잘 보면 돼.
- 请你 _____ 空调打开吧。   에어컨을 켜 줘.
- 我把手机 _____ 了。   나 휴대 전화 잃어버렸어.
- 回家的时候路上丢的, _____ 了。   집에 돌아가는 길에 잃어버렸는데 못 찾았어.
- 但是我已经把这个月的零用钱都 _____ 了。   그런데 이미 이번 달 용돈을 다 써 버렸어.

Lesson 11

- 他是 _____ 学的。   그는 중국에서 배웠어.
- 我们是大学一年级的时候 _____ 认识的。   우리는 대학교 1학년이 되어서야 알게 됐어.
- 对 _____ 很感兴趣。   중국에 관심이 많아.
- _____ 知道仁寺洞有古董街呀!   어떻게 인사동 골동품 거리를 알지!
- 他就 _____ 在仁寺洞。   그가 바로 인사동에 살아.
- 你多坐 _____ 吧。   좀 더 앉아 있지.

Lesson 12

- 办公室里有很多人, _____ 不去。   사무실에 사람이 많아서 못 들어가.
- 你手里拿 _____ 什么?   너 손에 들고 있는 게 뭐야?
- 信不信 _____ 你。   믿고 말고는 너한테 달렸어.
- 新宿舍的 _____ 怎么样?   새 기숙사 조건은 어때?
- 我的房间昨天刚 _____ 进来了一个学生。   내 방에 어제 막 학생 한 명이 이사 왔어.
- 你们两个人 _____ 吗?   너희 두 명은 잘 맞아?

> 그림과 주어진 문장을 참고하여 대화를 완성해 보세요.

1. 정도 표현하기

   A _____。(오늘, 춥다)

   B 对，这几天天气一直冷得很。

2. 소요 시간 말하기

   A 从你家到学校大概要多长时间？

   B _____。(대략 1시간 30분)

3. 가격 묻기

   A _____？(치파오)

   B 这件30万韩币。

4. 날씨 말하기1

   A 你家乡的气候怎么样？

   B _____。
   (여름에는 덥지 않고, 겨울에는 춥지 않다)

5. 날씨 말하기2

   A 今天天气怎么样？

   B _____。(어제보다 춥다)

6.

부탁하기2

A _____。(에어컨을 켜다)

B 空调打开也没用，一点儿也不暖和。

7.

잃어버린 장소 말하기

A 你把手机丢在哪儿了?

B _____。(집에 돌아가는 길)

8.

학습한 장소 말하기

A 他是在哪儿学的汉语呀?

B _____。(중국)

9.

구매한 장소 말하기

A 你是在哪儿买的?

B _____。(인사동 골동품 거리)

10.

들고 있는 물건에 대해 말하기

A 你手里拿着什么?

B _____。(여자 친구가 준 선물)

● 그동안 배운 내용을 종합하여 다음 질문에 대한 답변을 쓰고 말해 보세요.

1. 내가 살고 있는 곳 또는 고향의 날씨를 소개해 보세요.

2. 한국이나 중국에서 중국어를 공부했던 경험 또는 여행했던 경험을 소개해 보세요.

중국 문화

손으로 숫자 표현하기

숫자 문화

선물 문화

인사 문화

1. 손으로 숫자 표현하기

숫자 1부터 5까지는 우리의 표현과 유사하지만 6에서 10까지는 다르게 표현된다.

一
yī
하나, 1

二
èr
둘, 2

三
sān
셋, 3

四
sì
넷, 4

五
wǔ
다섯, 5

六
liù
여섯, 6

七
qī
일곱, 7

八
bā
여덟, 8

九
jiǔ
아홉, 9

十
shí
열, 10

2. 숫자 문화

중국어는 한자가 음이 같거나 비슷해서 같은 이미지를 연상하게 되는 '해음(谐音)' 현상이 많다. 이런 '해음' 현상은 중국인의 생활 전반에 걸쳐 나타나므로 하나의 '문화'라고도 할 수 있다. 특히 '수의 표현'에서 중국인이 선호하는 숫자나 회피하는 숫자를 많이 볼 수 있다.

중국인들은 '好事成双, 成双成对(좋은 일은 쌍으로 온다)'라는 명언과 같이 좋은 일이 한 번으로 그치지 않고 계속되기를 기원하는 마음으로 짝수를 선호하고, 홀수를 기피하는 모습을 보인다. 우리나라는 기쁜 일이나 슬픈 일 모두 홀수로 부조하지만 중국에서는 슬픈 일은 홀수로 기쁜 일은 짝수로 부조하는 풍습이 있다.

1) 좋아하는 숫자

6 六 liù
6은 '순조롭다'라는 뜻인 流利 liúlì의 流와 발음이 비슷하여 좋아한다.

8 八 bā
8은 중국인이 가장 좋아하는 숫자로 행운의 숫자로 여겨진다. 8은 '큰돈을 벌다'라는 뜻인 发财 fācái의 发와 발음이 비슷하여 부자로 만들어 주는 숫자라고 여긴다.

9 九 jiǔ
9는 '영원하다'라는 뜻인 永久 yǒngjiǔ의 久와 발음이 같아 좋아한다.

2) 싫어하는 숫자

3 三 sān
3은 부정적인 의미로 자주 사용되어 좋아하지 않는다.
예) 第三者 dìsānzhě 부부나 연인 사이에 끼어드는 사람
    三只手 sānzhīshǒu 소매치기

4 四 sì
4는 '죽다'라는 뜻인 死 sǐ 와 발음이 비슷하여 싫어한다.

7 七 qī
7은 '화나다'라는 뜻인 生气 shēngqì의 气와 발음이 비슷하여 싫어한다.

3. 선물 문화

선물 문화가 발달한 중국은 선물에 담긴 의미를 중요시한다. 중국인이 좋아하는 선물과 선호하지 않는 선물을 통해 해음 현상이나 문화적 관습을 알아보자.

1) 좋아하는 선물

사과 苹果 píngguǒ
사과는 '평안하다'라는 뜻의 平 píng과 발음이 같아서 즐겨 선물한다.

복숭아 桃子 táozi
복숭아는 '장수'를 상징하는 과일이므로 즐겨 선물한다.

귤 桔子 júzi
귤은 '길하다'라는 뜻의 吉 jí와 발음이 비슷하여 즐겨 선물한다.

술 酒 jiǔ
술은 '오래다', '길다'라는 뜻의 久 jiǔ와 발음이 같아 즐겨 선물한다.

2) 선호하지 않는 선물

시계 钟 zhōng
시계는 '끝나다'라는 뜻의 终 zhōng과 발음이 같아서 선물하지 않는다.

배 梨 lí
배는 '떠나다'라는 뜻의 离 lí와 발음이 같아서 선물하지 않는다.

우산 雨伞 yǔsǎn
우산은 '흩어지다'라는 뜻의 散 sǎn과 발음이 비슷하여 선물하지 않는다.

거북 乌龟 wūguī 모양의 물건
거북은 우리나라에서 장수를 의미하는 길한 동물이지만, 중국어로는 '귀신'을 뜻하는 鬼 guǐ와 발음이 비슷하여 선물하지 않는다.

신발 鞋子 xiézi
신발은 '사악하다'라는 뜻의 邪 xié와 발음이 같아서 선물하지 않는다.

손수건 手帕 shǒupà
손수건은 눈물을 닦을 때 사용해서 이별이나 슬픔을 상징한다고 생각하므로 선물하지 않는다.

양초 蜡烛 làzhú
양초는 장례를 연상하는 물건이므로 선물하지 않는다.

4. 인사 문화

'공수(拱手 gǒngshǒu)'는 중국 전통 인사법으로 상방에게 자신의 고마움이나 존경의 뜻을 전할 때 사용한다. 한 손은 주먹을 쥐고 다른 손으로 주먹을 감싸는 형태로, 남녀의 공수 방법은 서로 다르다.

남자는 왼 손바닥으로 오른 주먹을 감싸고 가슴 높이에 올려서 상대방에 대한 공경을 표합니다.

여자는 오른쪽을 공손의 의미로 여기므로 공수할 때 오른 손바닥으로 왼 주먹을 감싸야 합니다.

★ 공수 인사법과 같이 할 수 있는 인사말

恭喜恭喜! 축하합니다!
Gōngxǐ gōngxǐ!

恭喜发财! 부자 되세요!
Gōngxǐ fācái!

万事如意! 모든 일이 잘되시길 바랍니다!
Wànshì rúyì!

부록

복습 정답

본문 회화 해석

정답

복습 01~06

1단계 ▶ 78p

Lesson 01
zuò	shūzhuō
lóu	bǎ
hòubian	yǐzi
bàngōngshì	bīngxiāng
li	wèishēngjiān
xiǎomàibù	nánbian
jiànshēnfáng	yǔmáoqiúchǎng
fángjiān	dǎ
búcuò	zhèr
gānjìng	
ānjìng	
chuáng	

Lesson 02
huí	zhōumò
le	tīng
hǎojiǔ	cháng
gèng	xiànmù
xuéqī	kǎoshì
xuǎn	chōu
gōngxǐ	jù
jùhuì	dìfang
suíshí	lí
shēnqǐng	jìn
xuéfēn	búyòng
lèi	zuò chē
cānjiā	

Lesson 03
suíbiàn	zhèxiē
là	huáng
qīngdàn	jiàn
guo	yīfu
Sìchuān	xīn
lǎobǎn	bǎihuò shāngchǎng
dào	mǎi
yào	péi
yǐnliào	cóng
báijiǔ	dài
dànshì	bújiàn búsàn
shìqing	
píjiǔ	

Lesson 04
shuō	wǎn
de	yīncǐ
liúlì	kùn
duōcháng shíjiān	zhǎo
guòjiǎng	tèbié
gāo'èr	bàituō
kāishǐ	yǎnjiǎng
yǐjing	bǐsài
dǎsuan	jiūzhèng
hánjià	nàme
huānyíng	dānxīn
liánxì	děi
zhèngzài	
zuówǎn	

Lesson 05

jìn	dìng
gēn	fēijīpiào
shāngliang	shàng cì
tàng	jiǎnzhǐ
qǐngjià	chuántǒng
huí guó	gōngyìpǐn
	fùmǔ

shōudào	pá shān
lǐwù	jīngcháng
huì	míngshān
de	dehuà
tiānqì	yuè
chū	jiào
wánr	guò

Lesson 06

wán	dàbùfen
tīng	yíbùfen
qīngchu	yīnwèi
zài	bìng
biàn	yìsi
kāixīn	shēngbìng
shāndǐng	suǒyǐ
xià cì	cì
jiè	Guǎng'ānlǐ
yǐhòu	Xīmiàn
huán	kě
dǒng	fánhuá
	shāngyèjiē

2단계 ▶ 82p

Lesson 01

留学生宿舍在哪儿?
留学生办公室在几楼?
宿舍里有什么?
又干净又安静。
宿舍南边有羽毛球场。
明天下课以后你来我这儿吧。

Lesson 02

我弟弟是大学生了。
你这个学期选了几门课?
羡慕什么呀!
我这个学期申请了24个学分。
我们在什么地方聚会呢?
离学校很近。

Lesson 03

你喜欢吃辣的还是清淡的?
我也喜欢吃辣的。
我还没去过四川呢。
哪件衣服是你的?
这个周末你能不能陪我去?
从中国来的时候，我带来的衣服不多，要买几件。

Lesson 04

你说汉语说得非常流利。
你学汉语学了多长时间了?
我打算今年寒假和我朋友一起去上海。
我正在做作业呢。
早上起床起得很早。
但是今天你得请客。

Lesson 05

我得回去一趟。
什么时候回来?
一定会很高兴的。
我们到哪儿去玩儿啊?
我觉得人越多越好。
我们叫她们过来一起去爬山吧。

Lesson 06

我没听清楚。
我们玩儿得挺开心的。
这个星期看完了以后还给你吧。
我去过一次广安里。
那儿有什么可看的吗?
是釜山最繁华的商业街。

3단계 ▶ 84p

1. 留学生宿舍在那座楼后边。
2. 又干净又安静。
3. 我们什么时候聚会好呢?
4. 我吃过四川菜。
5. 黄的是张老师的,白的是我朋友的。
6. 我学汉语学了三年了。
7. 我正在做作业呢。
8. 今天我们去爬山好不好?
9. 请你再说一遍吧。
10. 是釜山最繁华的商业街。

복습 07~12

1단계 ▶ 148p

Lesson 07

dào	ránhòu
lěng	huàn
sǐ	dìtiě
yìzhí	lùshang
lián	dǔ
è	na
yìbiān	quèshí
liáotiān	fùjìn
bàn	xiǎoshí
qiānzhèng	xīnkǔ
zěnme	bànfǎ
xiān	
gōngjiāochē	

Lesson 08

qípáo	mǎi bu qǐ
qián	piányi
wàn	zhèbiān
Hánbì	huò
guì	yánsè
kuǎnshì	liúxià
hóngsè	chá
mài	cídiǎn
guāng	hǎo
mǎi bu dào	fántǐzì
rúguǒ	dāngrán
wèi	shǐyòng
zhǔnbèi	jiǎntǐzì
	wèntí

Lesson 09

jiāxiāng
qìhòu
xiàtiān
rè
dōngtiān
chūntiān
guā fēng
bǐ
nuǎnhuo
qiūtiān
xià yǔ

xià xuě
jié bīng
tiānqì yùbào
fàng
biǎojiě
kāi wánxiào
gèzi
miáotiao
zhēng

Lesson 10

qīzhōng kǎoshì
kǎo
lǐxiǎng
hái kěyǐ
fēn
nán
xiě
zá
bié
kǎofēn
guòqu
qīmò kǎoshì
xíng
bǎ

kōngtiáo
dǎkāi
kěnéng
nuǎnfēng
huài
háishi
wàngdiào
dǎtōng
shǒujī
diū
jiù
língyòngqián
huā

Lesson 11

dāi
cái
zhuānyè
Yīngyǔ
ǒurán
dāngshí
tóngzhuō
tóngxué

gàosu
zhù
gāi

búdàn
érqiě
duì
gǎn
xìngqù
Rénsìdòng
gǔdǒngjiē
jiǔ

zuò

Lesson 12

kāi
huìyì
jiàoshì
shǒuli
ná
zhe
sòng
shūbāo
zhēnde
xìn
yóu

xiǎoxīn
liàng
bān
tiáojiàn
pèibèi
chúguì
jiājù
tóngwū
hé de lái
xìnggé

2단계 ▶152p

Lesson 07
今天冷死了。
这几天天气一直冷得很。
连午饭都没吃。
你每天都怎么来学校?
还是坐地铁比较好吧。
大概要一个半小时。

Lesson 08
这件旗袍多少钱?
我是学生，我买不起。
如果你一定要买，我就再为你准备一件。
老师! 这个字我看不懂。
当然词典里查不到。
这本书这个学期学得完学不完?

Lesson 09
夏天不热，冬天也不冷。
比这儿暖和。
没有这儿这么冷。
也不常下雪。
你表姐比你大几岁?
比我大五岁。

Lesson 10
我考砸了。
期末考试考得好就行了。
请你把空调打开吧。
我把手机丢了。
回家的时候路上丢的，找不到了。
但是我已经把这个月的零用钱都花光了。

Lesson 11
他是在中国学的。
我们是大学一年级的时候才认识的。
对中国很感兴趣。
怎么知道仁寺洞有古董街呀!
他就住在仁寺洞。
你多坐一会儿吧。

Lesson 12
办公室里有很多人，进不去。
你手里拿着什么?
信不信由你。
新宿舍的条件怎么样?
我的房间昨天刚搬进来了一个学生。
你们两个人合得来吗?

3단계 ▶154p

1. 今天冷死了。
2. 大概要一个半小时。
3. 这件旗袍多少钱?
4. 夏天不热，冬天也不冷。
5. 今天比昨天冷。
6. 请你把空调打开吧。
7. 回家的时候路上丢的。
8. 他是在中国学的。
9. 这些都是在仁寺洞古董街买的。
10. 这是我女朋友送给我的礼物。

해석

Lesson 01

회화1
- 행인: 유학생 기숙사가 어디죠?
- 시진밍: 유학생 기숙사는 저 건물 뒤쪽에 있어요.
- 행인: 유학생 사무실은 몇 층에 있나요?
- 시진밍: 3층에 있어요. 301이요.
- 행인: 기숙사 안에는 뭐가 있나요?
- 시진밍: 기숙사 안에는 식당, 매점, 카페 등이 있어요.
- 행인: 기숙사 안에 헬스장이 있나요?
- 시진밍: 없어요.

회화2
- 정미영: 시진밍, 네 기숙사 방은 어때?
- 시진밍: 내 방은 아주 괜찮아. 깨끗하기도 하고 조용하기도 해.
- 정미영: 방 안에 뭐가 있어?
- 시진밍: 내 방 안에는 침대와 책상, 의자 그리고 냉장고가 있어.
- 정미영: 화장실은 있어?
- 시진밍: 있어. 기숙사 남쪽에 배드민턴장이 있는데, 나는 매일 배드민턴을 치러 가.
- 정미영: 나도 배드민턴 치는 걸 좋아해. 우리 내일 같이 치자.
- 시진밍: 좋아. 내일 수업 끝나면 내가 있는 곳으로 와.

Lesson 02

회화1
- 김대한: 돌아왔구나! 오랜만이다!
- 왕동동: 돌아왔어. 오랜만이다!
- 김대한: 너희 아버지, 어머니 모두 안녕하시지?
- 왕동동: 모두 잘 지내셔. 내 남동생은 대학생이 됐어. 더 뚱뚱해졌고. 너희 가족도 모두 안녕하시지?
- 김대한: 모두 잘 지내. 너는 이번 학기에 몇 과목을 선택했어?
- 왕동동: 나는 다섯 과목을 선택했어. 매일 수업이 있어.
- 김대한: 나는 네 과목을 선택했어. 이번 학기 금요일에는 수업이 없어.
- 왕동동: 축하해! 이번 학기 네 주말은 상당히 기네.
- 김대한: 뭘 부러워해! 어떤 과목은 매주 시험이 있는데.

회화2
- 왕동동: 친구들이 모두 돌아왔으니, 우리 시간 내서 한번 모이자.
- 김대한: 우리 언제 모이는 게 좋을까? 나는 언제든 상관없어.
- 왕동동: 나는 이번 학기에 24학점을 신청해서 매일 수업이 있어. 조금 피곤하니 주말에 모이는 게 어때?
- 김대한: 이번 주 토요일은 내 여자 친구 생일이라서 참석할 수 없어.
- 왕동동: 그럼, 금요일 저녁은 어때?
- 김대한: 금요일 저녁 아주 좋다. 그럼 우리 어디에서 모일까?
- 왕동동: 지난 주말에 친구와 함께 한 식당에 갔는데, 그 식당 아주 괜찮아. 요리가 맛있기도 하고 저렴하기도 해.
- 김대한: 그 식당이 어디에 있어?
- 왕동동: 학교 동쪽에 있어. 학교에서 가까워서 차를 타고 갈 필요도 없어.
- 김대한: 잘됐네.

Lesson 03

▶ **회화1**

시진밍 우리 뭘 주문할까!
정미영 네 마음대로 주문해. 나는 무엇이든 다 좋아해.
시진밍 그럼 우리 매운 거 시킬까? 너는 매운 거 좋아해 아니면 담백한 거 좋아해?
정미영 나도 매운 거 좋아해. 우리 매운 거 시키자.
시진밍 너는 쓰촨 요리 먹어 본 적 있어? 쓰촨 요리는 엄청 매워.
정미영 쓰촨 요리 먹어 본 적 있어. 저번 학기에 쓰촨에 갔었는걸.
시진밍 나는 아직 쓰촨에 가 보지 못했어. 사장님, 저희 이 요리 주문할게요.
정미영 우리 무슨 음료를 시킬까? 너는 바이주 마셔 본 적 있어?
시진밍 나는 바이주 마시는 걸 좋아해. 그런데 오늘은 마실 수 없어. 내일 일이 있거든. 우리 맥주 마시자.
정미영 좋아! 어제 나도 술을 많이 마셨어. 오늘은 조금만 마시자.

▶ **회화2**

시진밍 이것들은 모두 누구 거야? 모두 네 거야?
정미영 노란 것은 장 선생님 거고, 흰 것은 내 친구 거야.
시진밍 어느 옷이 네 거야?
정미영 이 옷이 내 거야.
시진밍 네 옷 매우 괜찮다. 새것이네.
정미영 어제 친구와 함께 백화점에 가서 옷 몇 벌을 샀는데, 거기 옷이 꽤 괜찮아.
시진밍 그래? 이번 주말에 나를 데리고 가 줄 수 있어? 나도 몇 벌 사고 싶어.
정미영 좋아! 무슨 옷을 사려고?

시진밍 중국에서 올 때 옷을 많이 안 가지고 와서 몇 벌 사려고 해.
정미영 그럼 우리 토요일 오전 11시에 기숙사 앞에서 만나자. 올 때까지 기다릴게!

Lesson 04

▶ **회화1**

왕동동 너희 서로 인사해.
리빙빙 안녕! 나는 리빙빙이라고 해
김대한 안녕! 나는 김대한이라고 해.
리빙빙 너는 중국어를 상당히 유창하게 잘한다. 중국어를 배운 지 얼마나 됐니?
김대한 과찬이야! 중국어를 배운 지 3년 됐어.
리빙빙 그럼 너는 고등학교 2학년부터 배우기 시작했구나.
김대한 맞아! 고등학교 2학년 때 중국어를 배우기 시작했어. 너는 한국에 온 지 얼마나 됐어?
리빙빙 나는 한국에 온 지 이미 3년 됐어. 너는 중국에 가 본 적 있어?
김대한 아직 중국에 가 보지 못했어. 올해 겨울 방학에 친구랑 같이 상하이에 가 볼 계획이야.
리빙빙 상하이에 오는 걸 환영해! 그때 너희 꼭 나에게 연락해. 내가 한턱낼게.

▶ **회화2**

김대한 너는 지금 뭐 하고 있니?
왕동동 나는 지금 숙제하고 있어. 요즘 숙제가 비교적 많아.
김대한 나도 그래. 어제저녁에 늦게까지 숙제하고, 아침에 일찍 일어나서 아직도 조금 졸려.
왕동동 무슨 일로 나를 찾아왔어?
김대한 특별한 일은 없어. 단지 너에게 한 가지 부탁하고 싶은 일이 있어.

왕동동　무슨 일이야?
김대한　다음 달에 베이징에 가서 중국어 웅변대회에 참가하는데, 너에게 내 발음 교정을 좀 부탁하자.
왕동동　너는 중국어를 그렇게 잘하는데, 내 생각에는 교정할 것이 없을 것 같아.
김대한　그래도 여전히 걱정이 돼. 네가 시간 내서 교정을 좀 해 줘.
왕동동　그럼 그렇게! 대신 오늘 네가 한턱내야 해.

Lesson 05

회화1
이 선생님　(누군가 문을 두드린다) 누구세요?
시진밍　선생님! 안녕하세요! 시진밍입니다.
이 선생님　진밍이구나! 어서 들어오렴.
시진밍　선생님께 한 가지 상의 드리고 싶은 일이 있어서요.
이 선생님　그래? 무슨 일이니? 어서 말해 보렴.
시진밍　집에 일이 있어서 제가 한 번 다녀와야 해요. 일주일간 결석계를 내고 싶어요.
이 선생님　그럼 언제 귀국했다 언제 돌아오니?
시진밍　저는 이미 23일 비행기 표를 예매했고, 28일에 돌아옵니다.
이 선생님　저번에 네가 가져다준 중국의 전지 공예 너무 좋더라.
　　　　　이건 한국의 전통 공예품이야. 이번에 가져가서 부모님께 드리렴!
시진밍　감사합니다! 저희 부모님이 선생님 선물을 받으시면 분명히 기뻐하실 거예요.

회화2
정미영　진밍아, 오늘 날씨가 매우 좋은데, 우리 나가서 놀자.
시진밍　우리 어디 가서 놀까? 우리 영화 보러 가는 게 어때?
정미영　나 어제저녁에 영화 보러 갔어. 오늘은 우리 등산하러 가는 게 어때? 너 등산 좋아해?
시진밍　아주 좋아해. 나는 자주 등산하러 가. 한국의 명산을 이미 많이 갔었어.
정미영　너만 좋다면, 우리 오늘 등산하러 가자.
시진밍　우리 둘이 가? 내 생각에는 사람이 많으면 많을수록 좋을 것 같아.
정미영　그럼 네 여자 친구에게 전화해서 오라고 해.
시진밍　너도 네 친구에게 오라고 해.
정미영　좋아! 우리 친구들한테 오라고 해서 같이 등산하러 가자.
시진밍　너도 빨리 전화해.

Lesson 06

회화1
왕동동　너 숙제 다 했어?
김대한　네 말이 너무 빨라서 정확히 알아듣지 못했어. 다시 한 번 말해 줘.
왕동동　좋아! 다시 한 번 말할게. 잘 들어. "너 숙제 다 했어?"
김대한　아직 다 못했어. 너는 다 했어?
왕동동　나는 이미 다 했어.
김대한　듣자 하니 너희 지난주에 등산하러 갔다던데, 재미있었어?
왕동동　우리는 아주 즐겁게 놀았어. 우리는 산 정상까지 올라갔어.
김대한　나도 등산 좋아하는데, 다음에 우리 함께 등산하러 가자.
왕동동　좋아! 저번에 너에게 빌려준 책은 다 읽었어?
김대한　아직 못 읽었어. 이번 주에 다 보고 나서 너에게 돌려줄게.

회화2

왕동동 내 말 모두 이해했어?
김대한 대부분 다 이해했는데, 일부는 못 알아들었어.
왕동동 좋아! 다시 한 번 말할 테니 잘 들어. "이 선생님께서 병이 나셔서 학교에 못 오시게 되었어."
김대한 오! 이해했어. 이 선생님께서 병이 나셔서 오늘 오후 수업을 못 하신다는 말이지?
왕동동 네 말이 맞아. 그럼 오늘 오후에 수업이 없는데, 우리 뭐 할래?
김대한 너 광안리에 가 본 적 있니?
왕동동 광안리는 한 번 가 봤어.
김대한 그럼 서면은 가 봤니?
왕동동 아직 안 가 봤어. 그곳에 볼만한 것이 있니?
김대한 부산에서 가장 번화한 쇼핑가야. 한 번 가 보자.

Lesson 07

회화1

정미영 미안해! 내가 늦었어.
시진밍 괜찮아! 나도 막 도착했어. 오늘 무척 춥다.
정미영 맞아. 요 며칠 날씨가 줄곧 매우 추웠어.
시진밍 오늘 아주 바빠서 점심밥도 못 먹었어. 배고파 죽겠다.
정미영 요 며칠 나도 매우 바빠서 밥 먹을 시간도 없었어.
시진밍 우리 빨리 식당에 들어가서 밥 먹으면서 이야기하자.
정미영 그래! 빨리 들어가자.
시진밍 겨울 방학에 상하이에 가는 일은 모두 잘 처리했니?
정미영 비자도 다 발급받았어.
시진밍 잘했네!

회화2

시진밍 너는 매일 어떻게 학교에 오니?
정미영 먼저 버스를 타고 지하철로 갈아타.
시진밍 버스 타고 가는 길은 차 안 막혀?
정미영 엄청 막혀!
시진밍 지하철을 타는 게 아무래도 나을 것 같아.
정미영 지하철을 타는 것이 확실히 좋지만 우리 집 근처에는 지하철이 없어.
시진밍 너희 집에서 학교까지 대략 얼마나 걸리니?
정미영 대략 한 시간 반 정도 걸려.
시진밍 그럼 매일 너무 고생한다!
정미영 방법이 없잖니!

Lesson 08

회화1

정미영 사장님! 이 치파오는 얼마인가요?
상점 주인 사려고요? 이건 30만 원이에요.
정미영 너무 비싸요. 저는 학생이라 살 수가 없어요. 조금 저렴한 것 있나요?
상점 주인 그럼 이쪽으로 오세요. 이쪽 물건은 비교적 저렴해요.
정미영 이 옷이 매우 좋네요. 색과 디자인 모두 괜찮아요. 빨간색 있나요?
상점 주인 빨간색은 다 팔렸어요.
정미영 제가 좋아하는 게 다 팔려서 살 수가 없네요.
상점 주인 만약 반드시 사실 거라면, 제가 당신을 위해 또 한 벌 준비해 둘게요. 며칠 뒤에 다시 오세요.
정미영 좋아요! 제 전화번호 남겨 둘게요.
상점 주인 물건이 도착하면 전화할게요.

회화2

김대한: 선생님! 이 글자를 모르겠어요. 이 글자는 무슨 뜻인가요?
장 선생님: 사전을 찾아봤니?
김대한: 몇 번이나 찾아봤는데, 사전에서 못 찾겠어요.
장 선생님: 어디 좀 보자. 이 글자는 번체자야. 당연히 사전에서 찾을 수 없지.
김대한: 저는 선생님 말씀을 못 알아들었어요. 번체자는 지금 사용하지 않나요?
장 선생님: 사용하기는 사용하지만 사전의 글자는 보통 다 간체자란다.
김대한: 그래요? 여쭤보고 싶은 게 하나 더 있어요.
장 선생님: 무슨 문제니? 말해 보렴.
김대한: 이 책을 이번 학기에 다 배울 수 있나요 없나요?
장 선생님: 다 배울 수 있어.

Lesson 09

회화1

정미영: 장 선생님, 선생님 고향의 날씨는 어때요?
장 선생님: 내 고향 날씨는 아주 좋아. 여름은 덥지 않고, 겨울은 춥지 않아.
정미영: 봄은 어때요? 자주 바람이 부나요?
장 선생님: 봄에는 바람이 자주 불지 않고, 여기보다 따뜻해.
정미영: 여름과 가을은요?
장 선생님: 여름에는 비가 자주 오고, 가을에는 비가 적게 오고, 바람도 적게 불어.
정미영: 겨울에는 춥나요, 안 춥나요? 눈은 오나요?
장 선생님: 여기처럼 춥지 않아. 눈도 자주 오지 않아.
정미영: 그럼 겨울에는 얼음이 어나요?
장 선생님: 보통 얼음은 얼지 않아.

회화2

정미영: 오늘 날씨 어때?
왕동동: 일기예보에 따르면 오늘이 어제보다 춥다더라.
정미영: 곧 겨울이야. 겨울 방학 때 베이징으로 돌아가니?
왕동동: 나는 겨울 방학 하자마자 돌아갈 계획이야. 우리 사촌 언니가 곧 결혼해.
정미영: 네 사촌 언니는 너보다 몇 살 많아?
왕동동: 나보다 다섯 살 많아. 사촌 언니는 나보다 더 예뻐.
정미영: 너도 예뻐. 나랑 비교하면 훨씬 예쁘잖아.
왕동동: 농담하지 마. 나는 너처럼 예쁘지 않아.
정미영: 너도 참! 나보다 키도 크고 몸매도 날씬하잖아.
왕동동: 좋아. 좋아. 우리 싸우지 말자. 너는 나와 똑같이 예뻐. 됐지?

Lesson 10

회화1

시진밍: 미영아, 너 중간고사 어떻게 봤어?
정미영: 만족스럽지 않아. 중국어 회화 수업은 괜찮게 봤는데, 작문 수업은 잘 못 봤어.
시진밍: 작문 수업은 몇 점 받았어?
정미영: 작문 수업이 너무 어려워서 절반밖에 못 썼어. 시험 망쳤어. 점수 묻지 마.
시진밍: 나는 듣기 수업은 그다지 잘 보지 못했어. 75점밖에 못 받았어.
정미영: 우리 시험 이야기는 하지 말자.
시진밍: 맞아! 맞아! 중간고사는 이미 끝났잖아. 기말고사 잘 보면 돼.
정미영: 여기 너무 춥다. 에어컨을 켜 줘.
시진밍: 에어컨 켜도 소용없어. 하나도 안 따뜻해.
정미영: 아마 온풍(기능)이 고장 난 것 같아. 우리 카페나 가자.

시진밍 　좋아! 빨리 나가자. 시험은 모두 잊어버리자!

회화2

정미영 　내가 어제 너에게 전화를 여러 번이나 했는데 왜 통화가 안 된 거야?
시진밍 　말도 마. 나 휴대 전화 잃어버렸어.
정미영 　휴대 전화를 어디에서 잃어버렸어?
시진밍 　집에 돌아가는 길에 잃어버렸는데 못 찾았어.
정미영 　그럼 너 새것으로 사야겠다. 옛것을 버리지 않으면 새것이 오지 못해.
시진밍 　맞아. 꼭 사야 해. 그런데 이미 이번 달 용돈을 다 써 버렸어.
정미영 　우선 내 돈으로 사. 내가 돈을 빌려줄게.
시진밍 　너무 고마워! 오늘 내가 한턱낼게.
정미영 　너 돈 있어? 너는 돈이 없다고 하지 않았어?
시진밍 　맞다! 내가 꼭 한턱내고 싶은데 정말 돈이 없으니 방법이 없네. 그냥 네가 한턱내.

Lesson 11

회화1

왕동동 　네 친구 중국어를 정말 잘하더라. 그는 어디에서 중국어를 배웠어?
김대한 　그는 중국에서 배웠어.
　　　　작년에 중국에서 1년 있었어.
왕동동 　그는 네 고등학교 친구니?
김대한 　아니. 우리는 대학교 1학년이 되어서야 알게 됐어.
왕동동 　그럼 그의 전공도 중국어야?
김대한 　아니. 그의 전공은 국제무역이야. 그는 영어도 잘해.
왕동동 　그럼 너희는 어떻게 알게 된 거야?
김대한 　우리는 중국어 수업 때 우연히 알게 됐어. 그때 우리는 짝이었거든.
왕동동 　그럼 너희는 동창이구나.

김대한 　맞아. 그는 중국어를 잘할 뿐 아니라 중국에 관심도 많아. 그래서 그는 중국인 친구가 많아.

회화2

김대한 　이 공예품들 모두 괜찮다.
왕동동 　정말 괜찮지. 어제 산 거야.
김대한 　어디에서 산 거야?
왕동동 　이거 다 인사동 골동품 거리에서 산 거야.
김대한 　너는 한국에 온 지 얼마 안 됐는데, 어떻게 인사동 골동품 거리를 알지!
왕동동 　한국 친구가 나에게 알려 준 거야.
김대한 　그럼 어제는 한국 친구가 너를 데리고 간 거지?
왕동동 　맞아. 그가 바로 인사동에 살아.
김대한 　나 가야겠다. 돌아가서 할 일이 있어.
왕동동 　좀 더 앉아 있지. 뭐가 그렇게 바쁘니?

Lesson 12

회화1

왕동동 　사무실에 사람이 많아서 못 들어가.
김대한 　오늘 사무실에 회의가 있어.
　　　　우리 강의실로 가자.
왕동동 　강의실에도 학생이 많이 있어서 그곳도 못 들어가.
김대한 　그럼 우리 카페에 가서 얘기하자.
왕동동 　좋아. 너 손에 들고 있는 게 뭐야?
김대한 　이건 내 여자 친구가 나한테 준 선물이야. 부러워하지 마.
왕동동 　부러워하기는! 내 책가방에도 내 남자 친구가 준 선물이 있어.
김대한 　정말? 난 못 믿겠어.
왕동동 　믿고 말고는 너한테 달렸어. 조심해. 앞에 차 한 대가 온다.

김대한　고마워! 믿는다! 믿어!

회화2

김대한　듣자 하니 너 새 기숙사로 옮겼다면서?
왕동동　그래.
김대한　새 기숙사 조건은 어때?
왕동동　아주 좋아. 방 안에 침대, 책상, 찬장 등 가구를 갖췄을 뿐만 아니라 TV, 냉장고와 화장실도 있어.
김대한　너 혼자 사는 거야?
왕동동　두 명이 함께 살아. 내 방에 어제 막 학생 한 명이 이사 왔어.
김대한　네 룸메이트도 중국인이야?
왕동동　아니야. 그는 일본에서 왔어.
김대한　너희 두 명은 잘 맞아?
왕동동　우린 막 알게 되어서 아직 걔 성격을 잘 몰라.

따로 분리해서 사용할 수 있습니다.

중국어뱅크

바로바로 연습해서 차근차근 나아가는

착착 중국어

STEP 2

김윤경·정성임 지음

워크북

동양북스

중국어뱅크

바로바로 연습해서 차근차근 나아가는

착착
중국어

STEP 2

김윤경 · 정성임 지음

워크북

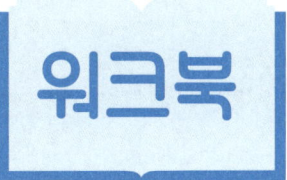

동양북스

Lesson 01

간체자 쓰기

획순		
座 zuò 건물, 가게를 세는 단위	座座座座座座座座座座 座 zuò	

획순		
楼 lóu 건물, 층	楼楼楼楼楼楼楼楼楼楼楼楼 楼 lóu	

획순		
不错 búcuò 좋다, 괜찮다	不不不不　　错错错错错错错错错错错错错 不　错 búcuò	

획순		
安静 ānjìng 조용하다, 고요하다	安安安安安安　　静静静静静静静静静静静静静 安　静 ānjìng	

획순		
冰箱 bīngxiāng 냉장고	冰冰冰冰冰冰　　箱箱箱箱箱箱箱箱箱箱箱箱箱 冰　箱 bīngxiāng	

연습 문제

1. 한어병음에 해당하는 한자를 쓰세요.

(1) xiǎomàibù _____ (2) bàngōngshì _____

(3) hòubian _____ (4) gānjìng _____

(5) yǐzi _____ (6) wèishēngjiān _____

2. 보기에서 알맞은 단어를 골라 대화를 완성하세요.

보기: 羽毛球　宿舍　楼　又　这儿　哪儿

(1) 留学生宿舍在 _____ ?

(2) 留学生办公室在几 _____ ?

(3) _____ 里有什么?

(4) 又干净 _____ 安静。

(5) 我也喜欢打 _____ 。

(6) 明天下课以后你来我 _____ 吧。

3. 다음 단어를 알맞은 순서로 배열하세요.

(1) 那　后边　留学生宿舍　在　座　楼

→ _____

(2) 有　吗　健身房　宿舍　里

→ _____

(3) 打　吧　我们　一起　明天

→ _____

Lesson 01

4. 한국어 대화를 중국어로 번역한 후 읽어 보세요.

(1) A 유학생 기숙사가 어디죠?

→ _____

B 유학생 기숙사는 저 건물 뒤쪽에 있어요.

→ _____

A 유학생 사무실은 몇 층에 있나요?

→ _____

B 3층에 있어요. 301이요.

→ _____

A 기숙사 안에는 뭐가 있나요?

→ _____

B 기숙사 안에는 식당, 매점, 카페 등이 있어요.

→ _____

A 기숙사 안에 헬스장이 있나요?

→ _____

B 없어요.

→ _____

연습 문제

(2) A 시진밍, 네 기숙사 방은 어때?
→ _____

B 내 방은 아주 괜찮아. 깨끗하기도 하고 조용하기도 해.
→ _____

A 방 안에 뭐가 있어?
→ _____

B 내 방 안에는 침대와 책상, 의자 그리고 냉장고가 있어.
→ _____

A 화장실은 있어?
→ _____

B 있어. 기숙사 남쪽에 배드민턴장이 있는데, 나는 매일 베드민턴을 치러 가.
→ _____

A 나도 배드민턴 치는 걸 좋아해. 우리 내일 같이 치자.
→ _____

B 좋아. 내일 수업 끝나면 내가 있는 곳으로 와.
→ _____

Lesson 02

간체자 쓰기

획순	选选选选选选选选选
选 选	
xuǎn	xuǎn
선택하다, 뽑다, 고르다	

획순	羡羡羡羡羡羡羡羡羡羡 慕慕慕慕慕慕慕慕慕慕慕慕慕慕
羡慕	羡 慕
xiànmù	xiànmù
부러워하다, 흠모하다	

획순	考考考考考考 试试试试试试试试
考试	考 试
kǎoshì	kǎoshì
시험, 시험을 치다	

획순	聚聚聚聚聚聚聚聚聚聚聚聚
聚	聚
jù	jù
모이다, 화합하다	

획순	参参参参参参参参 加加加加加
参加	参 加
cānjiā	cānjiā
참가하다, 참여하다	

연습 문제

1. 한어병음에 해당하는 한자를 쓰세요.

   (1) hǎojiǔ _____   (2) xuéqī _____

   (3) gōngxǐ _____   (4) chōu _____

   (5) suíshí _____   (6) shēnqǐng _____

2. 보기에서 알맞은 단어를 골라 대화를 완성하세요.

   > 보기
   > 又   更   什么   离   门   一

   (1) 我弟弟是大学生了，_____ 胖了。

   (2) 你这个学期选了几 _____ 课?

   (3) 羡慕 _____ 呀!

   (4) 我们抽个时间聚 _____ 聚吧。

   (5) 菜 _____ 好吃又便宜。

   (6) _____ 学校很近。

3. 다음 단어를 알맞은 순서로 배열하세요.

   (1) 呢   都有   有一门课   考试   每周

   → _____

   (2) 什么时候   好   我们   呢   聚会

   → _____

   (3) 是   的   我女朋友   这个星期六   生日

   → _____

Lesson 02

4. 한국어 대화를 중국어로 번역한 후 읽어 보세요.

(1) A 돌아왔구나! 오랜만이다!

→ _____

B 돌아왔어. 오랜만이다!

→ _____

A 너희 아버지, 어머니 모두 안녕하시지?

→ _____

B 모두 잘 지내셔. 내 남동생은 대학생이 됐어. 더 뚱뚱해졌고.

→ _____

너희 가족도 모두 안녕하시지?

→ _____

A 모두 잘 지내. 너는 이번 학기에 몇 과목을 선택했어?

→ _____

B 나는 다섯 과목을 선택했어. 매일 수업이 있어.

→ _____

A 나는 네 과목을 선택했어. 이번 학기 금요일에는 수업이 없어.

→ _____

B 축하해! 이번 학기 네 주말은 상당히 기네.

→ _____

A 뭘 부러워해! 어떤 과목은 매주 시험이 있는데.

→ _____

연습 문제

(2) A 친구들이 모두 돌아왔으니, 우리 시간 내서 한번 모이자.
→ _____

B 우리 언제 모이는 게 좋을까? 나는 언제든 상관없어.
→ _____

A 나는 이번 학기에 24학점을 신청해서 매일 수업이 있어. 조금 피곤하니 주말에 모이는 게 어때?
→ _____

B 이번 주 토요일은 내 여자 친구 생일이라서 참석할 수 없어.
→ _____

A 그럼, 금요일 저녁은 어때?
→ _____

B 금요일 저녁 아주 좋다. 그럼 우리 어디에서 모일까?
→ _____

A 지난 주말에 친구와 함께 한 식당에 갔는데,
→ _____

그 식당 아주 괜찮아, 요리가 맛있기도 하고 저렴하기도 해.
→ _____

B 그 식당이 어디에 있어?
→ _____

A 학교 동쪽에 있어. 학교에서 가까워서 차를 타고 갈 필요도 없어.
→ _____

B 잘됐네.
→ _____

Lesson 03

간체자 쓰기

획순			
随便 suíbiàn 마음대로, 좋을 대로	随随随随随随随随随随		便便便便便便便便
	随	便	
	suíbiàn		

획순	
辣 là 맵다, 얼얼하다	辣辣辣辣辣辣辣辣辣辣辣辣辣辣
	辣
	là

획순		
但是 dànshì 그러나, 그렇지만	但但但但但但但	是是是是是是是是是
	但 是	
	dànshì	

획순	
件 jiàn 벌(옷이나 사건을 세는 단위)	件件件件件件
	件
	jiàn

획순	
带 dài (몸에) 지니다, 휴대하다	带带带带带带带带带
	带
	dài

연습 문제

1. 한어병음에 해당하는 한자를 쓰세요.

   (1) qīngdàn _____   (2) Sìchuān _____

   (3) shìqing _____   (4) yīfu _____

   (5) zhèxiē _____   (6) péi _____

2. 보기에서 알맞은 단어를 골라 대화를 완성하세요.

   보기
   　　从　　点儿　　少　　道　　都　　过

   (1) 我什么 _____ 喜欢吃。

   (2) 你吃 _____ 四川菜吗?

   (3) 我们点这 _____ 菜。

   (4) 我们喝 _____ 啤酒吧。

   (5) 今天 _____ 喝一点儿吧。

   (6) _____ 中国来的时候, 我带来的衣服不多。

3. 다음 단어를 알맞은 순서로 배열하세요.

   (1) 吃　　清淡的　　你　　辣的　　喜欢　　还是

   → _____

   (2) 白酒　　喝　　吗　　你　　过

   → _____

   (3) 我　　你能不能　　这个　　陪　　去　　周末

   → _____

Lesson 03

4. 한국어 대화를 중국어로 번역한 후 읽어 보세요.

(1) A 우리 뭘 주문할까!
→ _____

B 네 마음대로 주문해. 나는 무엇이든 다 좋아해.
→ _____

A 그럼 우리 매운 거 시킬까? 너는 매운 거 좋아해 아니면 담백한 거 좋아해?
→ _____

B 나도 매운 거 좋아해. 우리 매운 거 시키자.
→ _____

A 너는 쓰촨 요리 먹어 본 적 있어? 쓰촨 요리는 엄청 매워.
→ _____

B 쓰촨 요리 먹어 본 적 있어. 저번 학기에 쓰촨에 갔었는걸.
→ _____

A 나는 아직 쓰촨에 가 보지 못했어. 사장님, 저희 이 요리 주문할게요.
→ _____

B 우리 무슨 음료를 시킬까? 너는 바이주 마셔 본 적 있어?
→ _____

A 나는 바이주 마시는 걸 좋아해. 그런데 오늘은 마실 수 없어.
→ _____

내일 일이 있거든. 우리 맥주 마시자.
→ _____

B 좋아! 어제 나도 술을 많이 마셨어. 오늘은 조금만 마시자.
→ _____

연습 문제

(2) A 이것들은 모두 누구 거야? 모두 네 거야?
→ _____

B 노란 것은 장 선생님 거고, 흰 것은 내 친구 거야.
→ _____

A 어느 옷이 네 거야?
→ _____

B 이 옷이 내 거야.
→ _____

A 네 옷 매우 괜찮다. 새것이네.
→ _____

B 어제 친구와 함께 백화점에 가서 옷 몇 벌을 샀는데, 거기 옷이 꽤 괜찮아.
→ _____

A 그래? 이번 주말에 나 좀 데리고 가 줄 수 있어? 나도 몇 벌 사고 싶어.
→ _____

B 좋아! 무슨 옷을 사려고?
→ _____

A 중국에서 올 때 옷을 많이 안 가지고 와서 몇 벌 사려고 해.
→ _____

B 그럼 우리 토요일 오전 11시에 기숙사 앞에서 만나자. 올 때까지 기다릴게!
→ _____

Lesson 04

간체자 쓰기

획순						
流利 liúlì 유창하다, 막힘이 없다	流 利 流 利 利 利 利 利 利 利 利	流	利			

획순						
打算 dǎsuan ~할 작정이다, 계획하다	打 打 打 打 打　　算 算 算 算 算 算 算 算 算 算 算 算 算	打	算			

획순						
正在 zhèngzài 지금 막 ~하고 있다	正 正 正 正 正　　在 在 在 在 在 在	正	在			

획순						
因此 yīncǐ 이 때문에, 그래서	因 因 因 因 因 因　　此 此 此 此 此 此	因	此			

획순						
担心 dānxīn 걱정하다, 염려하다	担 担 担 担 担 担 担　　心 心 心 心	担	心			

연습 문제

1. 한어병음에 해당하는 한자를 쓰세요.

　　(1) guòjiǎng _____　　(2) kāishǐ _____

　　(3) yǐjing _____　　(4) liánxì _____

　　(5) yǎnjiǎng _____　　(6) bǐsài _____

2. 보기에서 알맞은 단어를 골라 대화를 완성하세요.

　　보기　　抽　呢　得　早　了　多

　　(1) 你说汉语说 _____ 非常流利。

　　(2) 我学汉语学了三年 _____ 。

　　(3) 我正在做作业 _____ 。

　　(4) 最近作业比较 _____ 。

　　(5) 早上起床起得很 _____ 。

　　(6) 你还是 _____ 个时间给我纠正一下吧。

3. 다음 단어를 알맞은 순서로 배열하세요.

　　(1) 互相　一下　你们　认识

　　→ _____

　　(2) 时间　了　你　韩国　多长　来

　　→ _____

　　(3) 吗　你来找我　什么　有　事儿

　　→ _____

04 我学汉语学了三年了。　15

Lesson 04

4. 한국어 대화를 중국어로 번역한 후 읽어 보세요.

(1) A 너희 서로 인사해.

→ _____

B 안녕! 나는 리빙빙이라고 해.

→ _____

C 안녕! 나는 김대한이라고 해.

→ _____

B 너는 중국어를 상당히 유창하게 잘한다. 중국어를 배운 지 얼마나 됐니?

→ _____

C 과찬이야! 중국어를 배운 지 3년 됐어.

→ _____

B 그럼 너는 고등학교 2학년부터 배우기 시작했구나.

→ _____

C 맞아! 고등학교 2학년 때 중국어를 배우기 시작했어. 너는 한국에 온 지 얼마나 됐어?

→ _____

B 나는 한국에 온 지 이미 3년 됐어. 너는 중국에 가 본 적 있어?

→ _____

C 아직 중국에 가 보지 못했어.

→ _____

올해 겨울 방학에 친구랑 같이 상하이에 가 볼 계획이야.

→ _____

B 상하이에 오는 걸 환영해! 그때 너희 꼭 나에게 연락해. 내가 한턱낼게.

→ _____

연습 문제

(2) A 너는 지금 뭐 하고 있니?
→ _____

B 나는 지금 숙제하고 있어. 요즘 숙제가 비교적 많아.
→ _____

A 나도 그래. 어제저녁에 늦게까지 숙제하고, 아침에 일찍 일어나서 아직도 조금 졸려.
→ _____

B 무슨 일로 나를 찾아왔어?
→ _____

A 특별한 일은 없어. 단지 너에게 한 가지 부탁하고 싶은 일이 있어.
→ _____

B 무슨 일이야?
→ _____

A 다음 달에 베이징에 가서 중국어 웅변대회에 참가하는데, 너에게 내 발음 교정을 좀 부탁하자.
→ _____

B 너는 중국어를 그렇게 잘하는데, 내 생각에는 교정할 것이 없을 것 같아.
→ _____

A 그래도 여전히 걱정이 돼. 네가 시간 내서 교정을 좀 해 줘.
→ _____

B 그럼 그렇게! 대신 오늘 네가 한턱내야 해.
→ _____

04 我学汉语学了三年了。

Lesson 05

간체자 쓰기

획순	商商商商商商商商商商 量量量量量量量量量量量量
商量 shāngliang 상의하다, 의논하다	商 量 shāngliang

획순	趟趟趟趟趟趟趟趟趟趟趟趟趟趟趟
趟 tàng 차례, 번(왕복한 횟수를 표시)	趟 tàng

획순	天天天天 气气气气
天气 tiānqì 날씨, 일기	天 气 tiānqì

획순	经经经经经经经经 常常常常常常常常常常常
经常 jīngcháng 항상, 자주, 평소	经 常 jīngcháng

획순	越越越越越越越越越越越越
越 yuè ~할수록 ~하다	越 yuè

연습 문제

1. 한어병음에 해당하는 한자를 쓰세요.

   (1) qǐngjià _____   (2) chuántǒng _____

   (3) fùmǔ _____   (4) lǐwù _____

   (5) wánr _____   (6) pá shān _____

2. 보기에서 알맞은 단어를 골라 대화를 완성하세요.

   > 보기
   > 会   哪   越   叫   请   的话

   (1) 是 _____ 一位啊?

   (2) 我想 _____ 一个星期的假。

   (3) 一定 _____ 很高兴的。

   (4) 你喜欢 _____ , 我们今天爬山去吧。

   (5) 我觉得人 _____ 多越好。

   (6) 你也 _____ 你朋友过来吧。

3. 다음 단어를 알맞은 순서로 배열하세요.

   (1) 商量   有一件事   我   要   跟您   一下

   → _____

   (2) 到   哪儿   玩儿   我们   啊   去

   → _____

   (3) 去   好   今天   爬山   不好   我们

   → _____

Lesson 05

4. 한국어 대화를 중국어로 번역한 후 읽어 보세요.

(1) A (누군가 문을 두드린다) 누구세요?

→ _____

B 선생님! 안녕하세요! 시진밍입니다.

→ _____

A 진밍이구나! 어서 들어오렴.

→ _____

B 선생님께 한 가지 상의 드리고 싶은 일이 있어서요.

→ _____

A 그래? 무슨 일이니? 어서 말해 보렴.

→ _____

B 집에 일이 있어서 제가 한 번 다녀와야 해요. 일주일간 결석계를 내고 싶어요.

→ _____

A 그럼 언제 귀국했다 언제 돌아오니?

→ _____

B 저는 이미 23일 비행기 표를 예매했고, 28일에 돌아옵니다.

→ _____

A 저번에 네가 가져다 준 중국의 전지 공예 너무 좋더라.

→ _____

이건 한국의 전통 공예품이야. 이번에 가져가서 부모님께 드리렴!

→ _____

B 감사합니다! 저희 부모님이 선생님 선물을 받으시면 분명히 기뻐하실 거예요.

→ _____

연습 문제

(2) A 진밍아, 오늘 날씨가 매우 좋은데, 우리 나가서 놀자.
→ _____

B 어디 가서 놀까? 우리 영화 보러 가는 게 어때?
→ _____

A 나 어제저녁에 영화 보러 갔었어. 오늘은 우리 등산하러 가는 게 어때?
→ _____

너 등산 좋아해?
→ _____

B 아주 좋아해. 나는 자주 등산하러 가. 한국의 명산을 이미 많이 갔었어.
→ _____

A 너만 좋다면, 우리 오늘 등산하러 가자.
→ _____

B 우리 둘이 가? 내 생각에는 사람이 많으면 많을수록 좋을 것 같아.
→ _____

A 그럼 네 여자 친구에게 전화해서 오라고 해.
→ _____

B 너도 네 친구에게 오라고 해.
→ _____

A 좋아! 우리 친구들한테 오라고 해서 같이 등산하러 가자.
→ _____

B 너도 빨리 전화해.
→ _____

Lesson 06

간체자 쓰기

획순			
清楚	清清清清清清清清清清		楚楚楚楚楚楚楚楚楚楚楚楚
qīngchu	清 楚		
분명하다, 알다, 이해하다	qīngchu		

획순		
遍	遍遍遍遍遍遍遍遍遍遍遍遍	
biàn	遍	
번, 차례	biàn	

획순		
因为	因因因因因因	为为为为
yīnwèi	因 为	
~때문에, 왜냐하면	yīnwèi	

획순		
意思	意意意意意意意意意意意意意	思思思思思思思思思
yìsi	意 思	
의미, 뜻	yìsi	

획순		
所以	所所所所所所所所	以以以以
suǒyǐ	所 以	
그래서, 그러므로	suǒyǐ	

연습 문제

1. 한어병음에 해당하는 한자를 쓰세요.

(1) tīng _____   (2) kāixīn _____

(3) xià cì _____   (4) yǐhòu _____

(5) dǒng _____   (6) fánhuá _____

2. 보기에서 알맞은 단어를 골라 대화를 완성하세요.

> 보기
> 次   遍   完   到   没   的

(1) 我 _____ 听清楚。

(2) 请你再说一 _____ 吧。

(3) 你做 _____ 作业了吗?

(4) 我们玩儿得挺开心 _____ 。

(5) 我们还爬 _____ 山顶了呢。

(6) 我去过一 _____ 广安里。

3. 다음 단어를 알맞은 순서로 배열하세요.

(1) 给   看完了   还   以后   你   这个星期   吧

→ _____

(2) 都   我   大部分   了   听懂

→ _____

(3) 你   过   吗   西面   去   那

→ _____

Lesson 06

4. 한국어 대화를 중국어로 번역한 후 읽어 보세요.

(1) A 너 숙제 다 했어?

→ _____

B 네 말이 너무 빨라서 정확히 알아듣지 못했어. 다시 한 번 말해 줘.

→ _____

A 좋아! 다시 한 번 말할게. 잘 들어. "너 숙제 다 했어?"

→ _____

B 아직 다 못했어. 너는 다 했어?

→ _____

A 나는 이미 다 했어.

→ _____

B 듣자 하니 너희 지난주에 등산하러 갔다던데, 재미있었어?

→ _____

A 우리는 아주 즐겁게 놀았어. 우리는 산 정상까지 올라갔었어.

→ _____

B 나도 등산 좋아하는데, 다음에 우리 함께 등산하러 가자.

→ _____

A 좋아! 저번에 너에게 빌려준 책은 다 읽었어?

→ _____

B 아직 못 읽었어. 이번 주에 다 보고 나서 너에게 돌려줄게.

→ _____

연습 문제

(2) A 내 말 모두 이해했어?
→ _____

B 대부분 다 이해했는데, 일부는 못 알아들었어.
→ _____

A 좋아! 다시 한 번 말할 테니 잘 들어. "이 선생님께서 병이 나셔서 학교에 못 오시게 되었어."
→ _____

B 오! 이해했어. 이 선생님께서 병이 나셔서 오늘 오후 수업을 못 하신다는 말이지?
→ _____

A 네 말이 맞아. 그럼 오늘 오후에 수업이 없는데, 우리 뭐 할래?
→ _____

B 너 광안리에 가 본 적 있니?
→ _____

A 광안리는 한 번 가 봤어.
→ _____

B 그럼 서면은 가 봤니?
→ _____

A 아직 안 가봤어. 그곳에 볼만한 것이 있니?
→ _____

B 부산에서 가장 번화한 쇼핑가야. 한 번 가 보자.
→ _____

Lesson 07

간체자 쓰기

획순	冷 冷 冷 冷 冷 冷 冷						
冷	冷						
lěng	lěng						
춥다, 차다, 시리다							

획순	聊 聊 聊 聊 聊 聊 聊 聊 聊 聊 聊			天 天 天 天			
聊天	聊	天					
liáotiān	liáotiān						
잡담하다, 한담하다							

획순	怎 怎 怎 怎 怎 怎 怎 怎 怎			么 么 么			
怎么	怎	么					
zěnme	zěnme						
어떻게, 왜							

획순	然 然 然 然 然 然 然 然 然 然 然 然			后 后 后 后 后 后			
然后	然	后					
ránhòu	ránhòu						
그런 후에							

획순	堵 堵 堵 堵 堵 堵 堵 堵 堵 堵 堵						
堵	堵						
dǔ	dǔ						
막히다, 막다, 틀어막다							

연습 문제

1. 한어병음에 해당하는 한자를 쓰세요.

    (1) yìzhí _____
    (2) è _____
    (3) qiānzhèng _____
    (4) gōngjiāochē _____
    (5) dìtiě _____
    (6) xiǎoshí _____

2. 보기에서 알맞은 단어를 골라 대화를 완성하세요.

    > 보기   来   从   死   连   刚   很

    (1) 我也 _____ 到。

    (2) 今天冷 _____ 了。

    (3) 这几天天气一直冷得 _____ 。

    (4) _____ 午饭都没吃，饿死了。

    (5) 你每天都怎么 _____ 学校？

    (6) _____ 你家到学校大概要多长时间？

3. 다음 단어를 알맞은 순서로 배열하세요.

    (1) 聊天   一边…一边…   吧   吃饭

    → _____

    (2) 去上海的事   寒假   了   你都   好   吗   办

    → _____

    (3) 大概   一个   小时   要   半

    → _____

Lesson 07

4. 한국어 대화를 중국어로 번역한 후 읽어 보세요.

(1) A 미안해! 내가 늦었어.
→ _____

B 괜찮아! 나도 막 도착했어. 오늘 무척 춥다.
→ _____

A 맞아. 요 며칠 날씨가 줄곧 매우 추웠어.
→ _____

B 오늘 아주 바빠서 점심밥도 못 먹었어. 배고파 죽겠다.
→ _____

A 요 며칠 나도 매우 바빠서 밥 먹을 시간도 없었어.
→ _____

B 우리 빨리 식당에 들어가서 밥 먹으면서 이야기하자.
→ _____

A 그래! 빨리 들어가자.
→ _____

B 겨울 방학에 상하이에 가는 일은 모두 잘 처리했니?
→ _____

A 비자도 다 발급받았어.
→ _____

B 잘했네!
→ _____

연습 문제

(2) A 너는 매일 어떻게 학교에 오니?

→ _____

B 먼저 버스를 타고 지하철로 갈아타.

→ _____

A 버스 타고 가는 길은 차 안 막혀?

→ _____

B 엄청 막혀!

→ _____

A 지하철을 타는 게 아무래도 나을 것 같아.

→ _____

B 지하철을 타는 것이 확실히 좋지만 우리 집 근처에는 지하철이 없어.

→ _____

A 너희 집에서 학교까지 대략 얼마나 걸리니?

→ _____

B 대략 한 시간 반 정도 걸려.

→ _____

A 그럼 매일 너무 고생한다!

→ _____

B 방법이 없잖니!

→ _____

Lesson 08

간체자 쓰기

획순	钱 钱 钱 钱 钱 钱 钱 钱 钱 钱
钱	钱
qián	qián
돈, 화폐	

획순	贵 贵 贵 贵 贵 贵 贵 贵 贵
贵	贵
guì	guì
(가격이) 비싸다, 귀하다	

획순	便 便 便 便 便 便 便 便 　 宜 宜 宜 宜 宜 宜 宜 宜
便宜	便　宜
piányi	piányi
(가격이) 싸다, 저렴하다	

획순	查 查 查 查 查 查 查 查 查
查	查
chá	chá
조사하다, (뒤져서) 찾아내다	

획순	问 问 问 问 问 问　题 题 题 题 题 题 题 题 题 题 题 题 题 题 题
问题	问　题
wèntí	wèntí
문제	

연습 문제

1. 한어병음에 해당하는 한자를 쓰세요.

   (1) Hánbì _____   (2) yánsè _____

   (3) hóngsè _____   (4) rúguǒ _____

   (5) dāngrán _____   (6) shǐyòng _____

2. 보기에서 알맞은 단어를 골라 대화를 완성하세요.

   보기   卖   为   起   不   下   给

   (1) 我买不 _____ 。

   (2) 红色的都 _____ 光了。

   (3) 我就再 _____ 你准备一件。

   (4) 我给你留 _____ 我的电话号码。

   (5) 你 _____ 我看看。

   (6) 这本书这个学期学得完学 _____ 完？

3. 다음 단어를 알맞은 순서로 배열하세요.

   (1) 钱   这   旗袍   多少   件

   → _____

   (2) 这个   我   懂   字   看   不

   → _____

   (3) 要   还有   一个   我   问题   问你

   → _____

Lesson 08

4. 한국어 대화를 중국어로 번역한 후 읽어 보세요.

(1) A 사장님! 이 치파오는 얼마인가요?

→ _____

B 사려고요? 이건 30만 원이에요.

→ _____

A 너무 비싸요. 저는 학생이라 살 수가 없어요. 조금 저렴한 것 있나요?

→ _____

B 그럼 이쪽으로 오세요. 이쪽 물건은 비교적 저렴해요.

→ _____

A 이 옷이 매우 좋네요. 색과 디자인 모두 괜찮아요. 빨간색 있나요?

→ _____

B 빨간색은 다 팔렸어요.

→ _____

A 제가 좋아하는 게 다 팔려서 살 수가 없네요.

→ _____

B 만약 반드시 사실 거라면, 제가 당신을 위해 또 한 벌 준비해 둘게요.

→ _____

며칠 뒤에 다시 오세요.

→ _____

A 좋아요! 제 전화번호 남겨 둘게요.

→ _____

B 물건이 도착하면 전화할게요.

→ _____

연습 문제

(2) A 선생님! 이 글자를 모르겠어요. 이 글자는 무슨 뜻인가요?

→ _____

B 사전을 찾아봤니?

→ _____

A 몇 번이나 찾아봤는데, 사전에서 못 찾겠어요.

→ _____

B 어디 좀 보자. 이 글자는 번체자야. 당연히 사전에서 찾을 수 없지.

→ _____

A 저는 선생님 말씀을 못 알아들었어요. 번체자는 지금 사용하지 않나요?

→ _____

B 사용하기는 사용하지만 사전의 글자는 보통 다 간체자란다.

→ _____

A 그래요? 여쭤보고 싶은 게 하나 더 있어요.

→ _____

B 무슨 문제니? 말해 보렴.

→ _____

A 이 책을 이번 학기에 다 배울 수 있나요, 없나요?

→ _____

B 다 배울 수 있어.

→ _____

Lesson 09

간체자 쓰기

획순		
家乡 jiāxiāng 고향	家家家家家家家家家家 家 乡 家 乡 jiāxiāng	乡乡乡

획순		
气候 qìhòu 기후	气气气气 气 候 qìhòu	候候候候候候候候候

획순		
暖和 nuǎnhuo 따뜻하다, 따사롭다	暖暖暖暖暖暖暖暖暖暖暖暖暖 暖 和 nuǎnhuo	和和和和和和和和

획순	
放 fàng (방학을) 하다, 쉬다	放放放放放放放放 放 fàng

획순		
个子 gèzi 키, 체격	个个个 个 子 gèzi	子子子

연습 문제

1. 한어병음에 해당하는 한자를 쓰세요.

    (1) xiàtiān _____   (2) rè _____

    (3) dōngtiān _____   (4) guā fēng _____

    (5) jié bīng _____   (6) kāi wánxiào _____

2. 보기에서 알맞은 단어를 골라 대화를 완성하세요.

    > 보기   大   比   刮   高   也   下

    (1) 夏天不热，冬天 _____ 不冷。

    (2) 常常 _____ 风吗?

    (3) _____ 这儿暖和。

    (4) 秋天很少 _____ 雨。

    (5) 你表姐比你 _____ 几岁?

    (6) 个子比我 _____ 。

3. 다음 단어를 알맞은 순서로 배열하세요.

    (1) 气候   怎么样   你   的   家乡

    → _____

    (2) 冷   这么   没有   这儿

    → _____

    (3) 寒假   回国   打算   我   一…就…   放

    → _____

Lesson 09

4. 한국어 대화를 중국어로 번역한 후 읽어 보세요.

(1) A 장 선생님, 선생님 고향의 날씨는 어때요?

→ _____

B 내 고향 날씨는 아주 좋아. 여름은 덥지 않고, 겨울은 춥지 않아.

→ _____

A 봄은 어때요? 자주 바람이 부나요?

→ _____

B 봄에는 바람이 자주 불지 않고, 여기보다 따뜻해.

→ _____

A 여름과 가을은요?

→ _____

B 여름에는 비가 자주 오고, 가을에는 비가 적게 오고, 바람도 적게 불어.

→ _____

A 겨울에는 춥나요, 안 춥나요? 눈은 오나요?

→ _____

B 여기처럼 춥지 않아. 눈도 자주 오지 않아.

→ _____

A 그럼 겨울에는 얼음이 어나요?

→ _____

B 보통 얼음은 얼지 않아.

→ _____

연습 문제

(2) A 오늘 날씨 어때?
→ _____

B 일기예보에 따르면 오늘이 어제보다 춥다더라.
→ _____

A 곧 겨울이야. 겨울 방학 때 베이징으로 돌아가니?
→ _____

B 나는 겨울 방학 하자마자 돌아갈 계획이야. 우리 사촌 언니가 곧 결혼해.
→ _____

A 네 사촌 언니는 너보다 몇 살 많아?
→ _____

B 나보다 다섯 살 많아. 사촌 언니는 나보다 더 예뻐.
→ _____

A 너도 예뻐. 나랑 비교하면 훨씬 예쁘잖아.
→ _____

B 농담하지 마. 나는 너처럼 예쁘지 않아.
→ _____

A 너도 참! 나보다 키도 크고 몸매도 날씬하잖아.
→ _____

B 좋아. 좋아. 우리 싸우지 말자. 너는 나와 똑같이 예뻐. 됐지?
→ _____

Lesson 10

간체자 쓰기

획순	难 难 难 难 难 难 难 难 难 难							
难 nán 어렵다, 힘들다	难 nán							

획순	把 把 把 把 把 把 把							
把 bǎ ~을(를), ~으로	把 bǎ							

획순	打 打 打 打 打			开 开 开 开				
打开 dǎkāi 켜다, 틀다	打	开 dǎkāi						

획순	手 手 手 手			机 机 机 机 机 机				
手机 shǒujī 휴대 전화	手	机 shǒujī						

획순	花 花 花 花 花 花 花							
花 huā (돈을) 쓰다	花 huā							

연습 문제

1. 한어병음에 해당하는 한자를 쓰세요.

   (1) lǐxiǎng _____   (2) kǎofēn _____

   (3) kōngtiáo _____   (4) wàngdiào _____

   (5) dǎtōng _____   (6) diū _____

2. 보기에서 알맞은 단어를 골라 대화를 완성하세요.

   > 보기
   > 了   来   给   到   丢   得

   (1) 考 _____ 不太理想。

   (2) 我把手机 _____ 了。

   (3) 找不 _____ 了。

   (4) 旧的不去，新的不 _____ 。

   (5) 我把钱借 _____ 你。

   (6) 太谢谢你 _____ ！

3. 다음 단어를 알맞은 순서로 배열하세요.

   (1) 考   怎么样   得   你   期中考试

   → _____

   (2) 多少   写作课   分   考了   呢

   → _____

   (3) 丢   哪儿   了   在   把   你   手机

   → _____

10 请你把空调打开吧。

Lesson 10

4. 한국어 대화를 중국어로 번역한 후 읽어 보세요.

(1) A 미영아, 너 중간고사 어떻게 봤어?

→ _____

B 만족스럽지 않아. 중국어 회화 수업은 괜찮게 봤는데, 작문 수업은 잘 못 봤어.

→ _____

A 작문 수업은 몇 점 받았어?

→ _____

B 작문 수업이 너무 어려워서 절반밖에 못 썼어. 시험 망쳤어. 점수 묻지 마.

→ _____

A 나는 듣기 수업은 그다지 잘 보지 못했어. 75점밖에 못 받았어.

→ _____

B 우리 시험 이야기는 하지 말자.

→ _____

A 맞아! 맞아! 중간고사는 이미 끝났잖아. 기말고사 잘 보면 돼.

→ _____

B 여기 너무 춥다. 에어컨을 켜 줘.

→ _____

A 에어컨 켜도 소용없어. 하나도 안 따뜻해.

→ _____

B 아마 온풍(기능)이 고장 난 것 같아. 우리 카페나 가자.

→ _____

A 좋아! 빨리 나가자. 시험은 모두 잊어버리자!

→ _____

연습 문제

(2) A 내가 어제 너에게 전화를 여러 번이나 했는데 왜 통화가 안 된 거야?
→ _____

B 말도 마. 나 휴대 전화 잃어버렸어.
→ _____

A 휴대 전화를 어디에서 잃어버렸어?
→ _____

B 집에 돌아가는 길에 잃어버렸는데 못 찾았어.
→ _____

A 그럼 너 새것으로 사야겠다. 옛것을 버리지 않으면 새것이 오지 못해.
→ _____

B 맞아. 꼭 사야 해. 그런데 이미 이번 달 용돈을 다 써 버렸어.
→ _____

A 우선 내 돈으로 사. 내가 돈을 빌려줄게.
→ _____

B 너무 고마워! 오늘 내가 한턱낼게.
→ _____

A 너 돈 있어? 너는 돈이 없다고 하지 않았어?
→ _____

B 맞다! 내가 꼭 한턱내고 싶은데 정말 돈이 없으니 방법이 없네. 그냥 네가 한턱내.
→ _____

Lesson 11

간체자 쓰기

획순	呆呆呆呆呆呆呆
呆	呆
dāi	dāi
머무르다, 체류하다	

획순	同同同同同同	学学学学学学学学
同学	同	学
tóngxué	tóngxué	
학우, 동급생		

획순	兴兴兴兴兴兴	趣趣趣趣趣趣趣趣趣趣趣趣趣趣趣
兴趣	兴	趣
xìngqù	xìngqù	
흥미, 관심, 취미		

획순	久久久
久	久
jiǔ	jiǔ
오래다, 시간이 길다	

획순	告告告告告告	诉诉诉诉诉诉诉
告诉	告	诉
gàosu	gàosu	
말하다, 알리다		

연습 문제

1. 한어병음에 해당하는 한자를 쓰세요.

(1) zhuānyè _____   (2) Yīngyǔ _____

(3) ǒurán _____   (4) dāngshí _____

(5) tóngzhuō _____   (6) zhù _____

2. 보기에서 알맞은 단어를 골라 대화를 완성하세요.

> 보기 多　呆　的　在　来　很

(1) 他是在中国学 _____ 。

(2) 他去年在中国 _____ 了一年。

(3) 确实 _____ 不错吧。

(4) 你 _____ 韩国不久。

(5) 他就住 _____ 仁寺洞。

(6) 你 _____ 坐一会儿吧。

3. 다음 단어를 알맞은 순서로 배열하세요.

(1) 哪儿　呀　是　学的　他　汉语　在

→ _____

(2) 的　才　大学一年级的时候　我们　认识　是

→ _____

(3) 古董街　呀　怎么　仁寺洞　知道　有

→ _____

Lesson 11

4. 한국어 대화를 중국어로 번역한 후 읽어 보세요.

(1) A 네 친구 중국어를 정말 잘하더라. 그는 어디에서 중국어를 배웠어?
→

B 그는 중국에서 배웠어. 작년에 중국에서 1년 있었어.
→

A 그는 네 고등학교 친구니?
→

B 아니. 우리는 대학교 1학년이 되어서야 알게 됐어.
→

A 그럼 그의 전공도 중국어야?
→

B 아니. 그의 전공은 국제무역이야. 그는 영어도 잘해.
→

A 그럼 너희는 어떻게 알게 된 거야?
→

B 우리는 중국어 수업 때 우연히 알게 됐어. 그때 우리는 짝이었거든.
→

A 그럼 너희는 동창이구나.
→

B 맞아. 그는 중국어를 잘할 뿐 아니라 중국에 관심도 많아. 그래서 그는 중국인 친구가 많아.
→

> 연습 문제

(2) A 이 공예품들 모두 괜찮다.
→ _____

B 정말 괜찮지. 어제 산 거야.
→ _____

A 어디에서 산 거야?
→ _____

B 이거 다 인사동 골동품 거리에서 산 거야.
→ _____

A 너는 한국에 온 지 얼마 안 됐는데, 어떻게 인사동 골동품 거리를 알지!
→ _____

B 한국 친구가 나에게 알려 준 거야.
→ _____

A 그럼 어제는 한국 친구가 너를 데리고 간 거지?
→ _____

B 맞아. 그가 바로 인사동에 살아.
→ _____

A 나 가야겠다. 돌아가서 할 일이 있어.
→ _____

B 좀 더 앉아 있지. 뭐가 그렇게 바쁘니?
→ _____

Lesson 12

간체자 쓰기

획순	会会会会会会	议议议议议
会议 huìyì 회의	会 议 huìyì	

획순	着着着着着着着着着
着 zhe ~하고 있다, ~하고 있는 중이다	着 zhe

획순	送送送送送送送送送
送 sòng 선물하다, 주다, 배웅하다	送 sòng

획순	搬搬搬搬搬搬搬搬搬搬
搬 bān 이사하다, (물건을) 옮기다	搬 bān

획순	同同同同同同	屋屋屋屋屋屋屋屋
同屋 tóngwū 룸메이트, 동거자	同 屋 tóngwū	

연습 문제

1. 한어병음에 해당하는 한자를 쓰세요.

    (1) kāi _____   (2) jiàoshì _____

    (3) shūbāo _____   (4) zhēnde _____

    (5) xiǎoxīn _____ (6) tiáojiàn _____

2. 보기에서 알맞은 단어를 골라 대화를 완성하세요.

    보기   由   到   开   从   得   着

    (1) 今天办公室里 _____ 一个会议。

    (2) 你手里拿 _____ 什么?

    (3) 信不信 _____ 你。

    (4) 听说你搬 _____ 新宿舍了。

    (5) 他是 _____ 日本来的。

    (6) 你们两个人合 _____ 来吗?

3. 다음 단어를 알맞은 순서로 배열하세요.

    (1) 咖啡厅　我们　吧　那　聊天儿　到　去

    →＿＿＿＿＿＿＿＿＿＿＿＿＿＿＿＿＿＿＿

    (2) 汽车　一　来　前边　了　辆

    →＿＿＿＿＿＿＿＿＿＿＿＿＿＿＿＿＿＿＿

    (3) 电视、冰箱和卫生间　房间里　不但…而且…
        配备了床、书桌、橱柜等家具，　还有

    →＿＿＿＿＿＿＿＿＿＿＿＿＿＿＿＿＿＿＿

Lesson 12

4. 한국어 대화를 중국어로 번역한 후 읽어 보세요.

(1) A 사무실에 사람이 많아서 못 들어가.

→ _____

B 오늘 사무실에 회의가 있어. 우리 강의실로 가자.

→ _____

A 강의실에도 학생이 많이 있어서 그곳도 못 들어가.

→ _____

B 그럼 우리 카페에 가서 얘기하자.

→ _____

A 좋아. 너 손에 들고 있는 게 뭐야?

→ _____

B 이건 내 여자 친구가 나한테 준 선물이야. 부러워하지 마.

→ _____

A 부러워하기는! 내 책가방에도 내 남자 친구가 준 선물이 있어.

→ _____

B 정말? 난 못 믿겠어.

→ _____

A 믿고 말고는 너한테 달렸어. 조심해. 앞에 차 한 대가 온다.

→ _____

B 고마워! 믿는다! 믿어!

→ _____

연습 문제

(2) A 듣자 하니 너 새 기숙사로 옮겼다면서?
→

B 그래.
→

A 새 기숙사 조건은 어때?
→

B 아주 좋아. 방 안에 침대, 책상, 찬장 등 가구를 갖췄을 뿐만 아니라 TV, 냉장고와 화장실도 있어.
→

A 너 혼자 사는 거야?
→

B 두 명이 함께 살아. 내 방에 어제 막 학생 한 명이 이사 왔어.
→

A 네 룸메이트도 중국인이야?
→

B 아니야. 그는 일본에서 왔어.
→

A 너희 두 명은 잘 맞아?
→

B 우린 막 알게 되어서 아직 걔 성격을 잘 몰라.
→

www.dongyangbooks.com (웹사이트)
m.dongyangbooks.com (모바일)

중국어뱅크
바로바로 연습해서 차근차근 나아가는
착착 중국어 STEP 2

워크북

이름

외국어 출판 40년의 신뢰
외국어 전문 출판 그룹
동양북스가 만드는 책은 다릅니다.

40년의 쉼 없는 노력과 도전으로 책 만들기에 최선을 다해온 동양북스는
오늘도 미래의 가치에 투자하고 있습니다.
대한민국의 내일을 생각하는 도전 정신과 믿음으로 최선을 다하겠습니다.

동양북스

동양북스 추천 교재

일본어 교재의 최강자, 동양북스 추천 교재

회화 코스북

일본어뱅크 다이스키
STEP 1·2·3·4·5·6·7·8

일본어뱅크
좋아요 일본어 1·2·3

일본어뱅크 도모다찌
STEP 1·2·3

분야서

일본어뱅크
NEW 스타일 일본어 문법

일본어뱅크
일본어 작문 초급

일본어뱅크
사진과 함께하는
일본 문화

일본어뱅크
항공 서비스 일본어

가장 쉬운 독학
일본어 현지회화

수험서

일취월장 JPT
독해·청해

일취월장 JPT
실전 모의고사 500·700

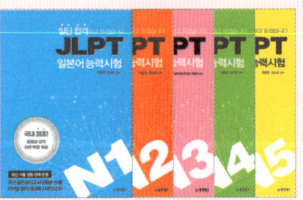
일단 합격하고 오겠습니다
JLPT 일본어능력시험
N1·N2·N3·N4·N5

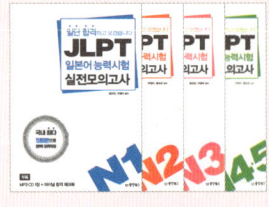
일단 합격하고 오겠습니다
JLPT 일본어능력시험
실전모의고사 N1·N2·N3·N4/5

단어·한자

특허받은
일본어 한자 암기박사

일본어 상용한자 2136
이거 하나면 끝!

일본어뱅크
New 스타일 일본어 한자 1·2

가장 쉬운 독학
일본어 단어장

일단 합격하고 오겠습니다
JLPT 일본어능력시험
단어장 N1·N2·N3

중국어 교재의 최강자, 동양북스 추천 교재

중국어뱅크 북경대학 신한어구어
1·2·3·4·5·6

중국어뱅크 스마트중국어
STEP 1·2·3·4

중국어뱅크 집중중국어
STEP 1·2·3·4

중국어뱅크
문화중국어 1·2

중국어뱅크
관광 중국어 1·2

중국어뱅크
여행실무 중국어

중국어뱅크
호텔 중국어

중국어뱅크
판매 중국어

중국어뱅크
항공 서비스 중국어

중국어뱅크
시청각 중국어

정반합 新HSK
1급·2급·3급·4급·5급·6급

버전업! 新HSK 한 권이면 끝
3급·4급·5급·6급

버전업! 新HSK
VOCA 5급·6급

가장 쉬운 독학 중국어 단어장

중국어뱅크
중국어 간체자 1000

특허받은
중국어 한자 암기박사

📖 동양북스 추천 교재

기타외국어 교재의 최강자, 동양북스 추천 교재

중고급 학습

- 첫걸음 끝내고 보는 프랑스어 중고급의 모든 것
- 첫걸음 끝내고 보는 스페인어 중고급의 모든 것
- 첫걸음 끝내고 보는 독일어 중고급의 모든 것
- 첫걸음 끝내고 보는 태국어 중고급의 모든 것

단어장

- 버전업! 가장 쉬운 프랑스어 단어장
- 버전업! 가장 쉬운 스페인어 단어장
- 버전업! 가장 쉬운 독일어 단어장

여행 회화

     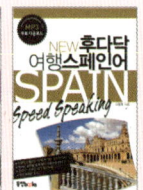  

- NEW 후다닥 여행 중국어
- NEW 후다닥 여행 일본어
- NEW 후다닥 여행 영어
- NEW 후다닥 여행 독일어
- NEW 후다닥 여행 프랑스어
- NEW 후다닥 여행 스페인어
- NEW 후다닥 여행 베트남어
- NEW 후다닥 여행 태국어

수험서·교재

- 한 권으로 끝내는 DELE 어휘·쓰기·관용구편 (B2~C1)
- 수능 기초 베트남어 한 권이면 끝!
- 버전업! 스마트 프랑스어
- 일단 합격하고 오겠습니다 독일어능력시험 A1·A2·B1·B2(근간 예정)